モンゴルにおける浄土思想

嘉木揚凱朝 著

Pure Land Buddhism in Mongolia

Jiamuyang Kaichao

法藏館

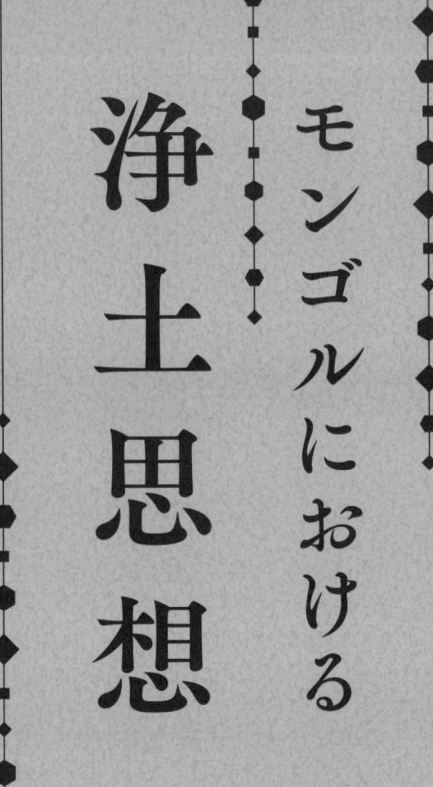

モンゴルにおける浄土思想

立祥題

北京雍和宮仏教研究室前主任,
著名書画家，仏教学者
李立祥先生　書

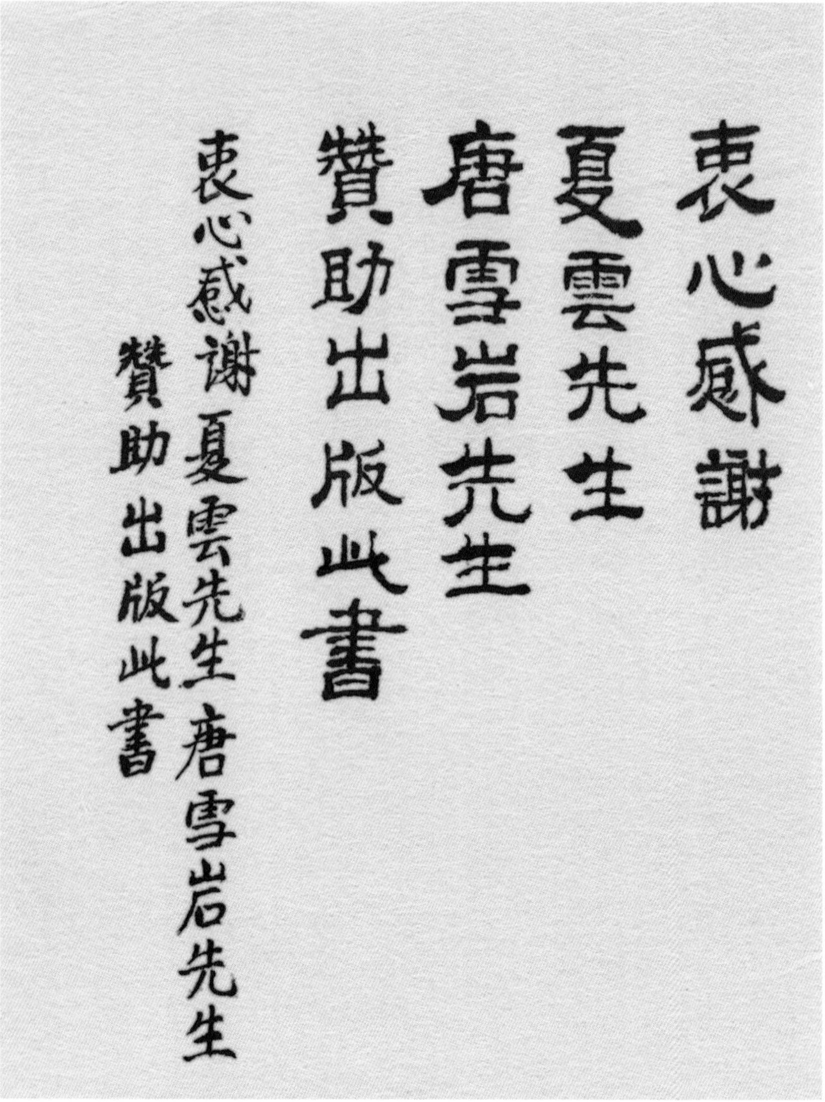
衷心感謝
夏雲先生
唐雪岩先生
贊助出版此書
衷心感謝夏雲先生唐雪岩先生
贊助出版此書

本書出版にあたり，夏雲様，唐雪岩様にご賛助いただきました。
この場を借りて感謝申し上げます。

雍和宮版画「無量寿仏」

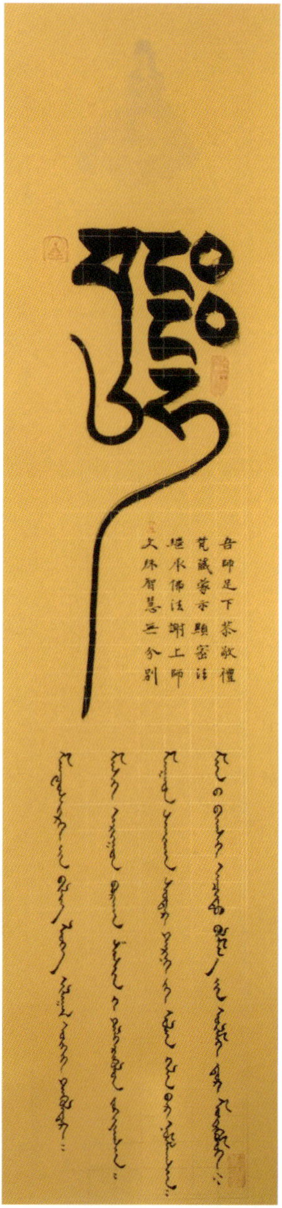

嘉木揚・図布丹大師　賛文（筆者 書）

羅睺寺にて
(左より 3 人目：中村薫先生，2 人目：筆者)

朝課の様子

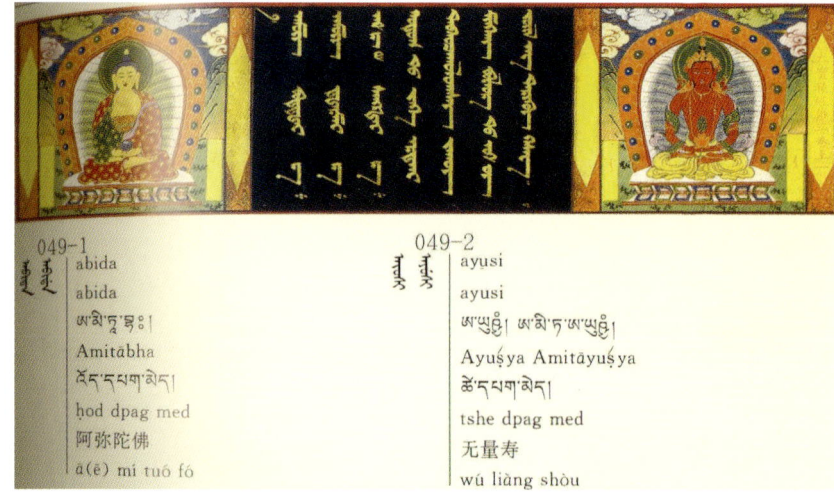

049-1

abida

abida

ཨ་མི་ཏཱ་བྷཿ།

Amitābha

འོད་དཔག་མེད།

ḥod dpag med

阿弥陀佛

ā(ē) mí tuó fó

阿弥陀仏

049-2

ayusi

ayusi

ཨཱ་ཡུཥྛཱི། ཨ་མི་ཏ་ཨ་ཡུཥྛཱི།

Ayuṣya Amitāyuṣya

ཚེ་དཔག་མེད།

tshe dpag med

无量寿

wú liàng shòu

無量寿仏

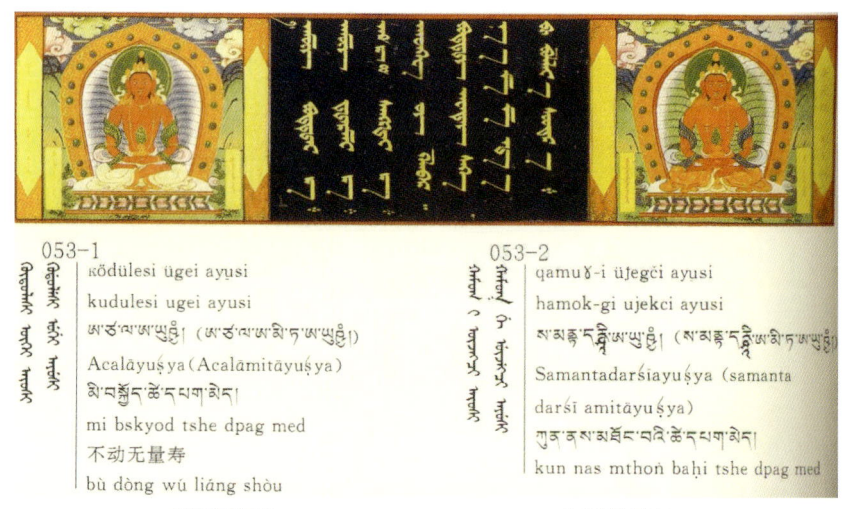

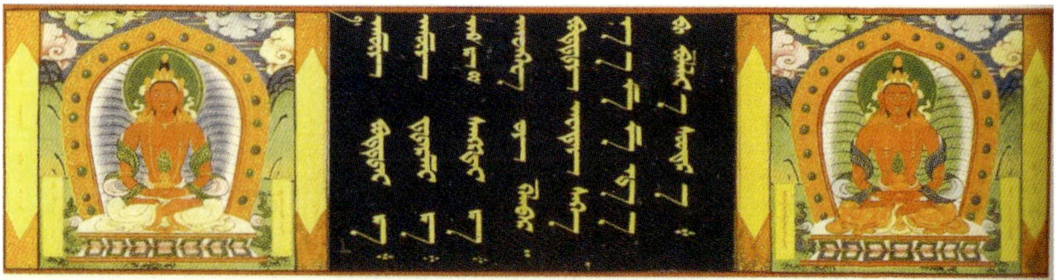

053-1

ĸödülesi ügei ayusi

kudulesi ugei ayusi

ཨ་ཙ་ལ་ཨ་ཡུཥྛཱི། (ཨ་ཙ་ལ་ཨ་མི་ཏ་ཨ་ཡུཥྛཱི།)

Acalāyuṣya (Acalāmitāyuṣya)

མི་བསྐྱོད་ཚེ་དཔག་མེད།

mi bskyod tshe dpag med

不动无量寿

bù dòng wú liáng shòu

不動無量寿

053-2

qamuɣ-i üǰegči ayusi

hamok-gi ujekci ayusi

ས་མནྟ་དརྴི་ཨ་ཡུ་ཥྛཱི། (ས་མནྟ་དརྴི་ཨ་མི་ཏ་ཨ་ཡུ་ཥྛཱི།)

Samantadarśiayuṣya (samanta darśī amitāyuṣya)

ཀུན་ནས་མཐོང་བའི་ཚེ་དཔག་མེད།

kun nas mthoṅ baḥi tshe dpag med

遍観無量寿

051-1

badm-a ayusi

badma ayusi

པདྨ་ཨ་ཡུཥྱ། (པདྨ་ཨ་མི་ཏ་ཡུཥྱ།)

Padmāyuṣya(badma amitāyuṣya)

པདྨ་ཚེ་དཔག་མེད།

padma tshe dpag med

莲花无量寿

lián huā wú liàng shòu

蓮華無量寿

051-2

k̲arm-a ayusi

karma ayusi

ཀརྨ་ཨ་ཡུཥྱ། (ཀརྨ་ཨ་མི་ཏ་ཨ་ཡུཥྱ།)

Karma ayuṣya (karmāmitāyuṣya)

ལས་ཀྱི་ཚེ་དཔག་མེད།

las kyi tshe dpag med

羯摩无量寿

jié mó wú liàng shòu

羯摩無量寿

雍和宮所蔵無量寿仏壇城（曼荼羅）

繡像タンカ無量寿仏

序

この度，嘉木揚凱朝氏が日本の研究機関に掲載されたモンゴルにおける浄土関係論文を『モンゴルにおける浄土思想』として出版されることになり，心からお祝いを申し上げます。

凱朝氏は，1993年10月，意気軒昂として日本の東海の地に遊学され，愛知学院大学大学院文学研究科において仏教学を研究され，私の夫，前田惠學の指導の許で十年有余の長きに亙って研鑽に努められました。そして，めでたく文学博士の学位を取得されました。学位請求論文は『モンゴル仏教の研究』（法藏館，2004年）として公刊されました。凱朝氏は，留学して以来，大学での研究以外に，よく私の速念寺に前田惠學の指導を受けに来られました。凱朝氏は人柄が純粋で，真面目に勉強される姿は非常に印象的でした。凱朝氏は，2002年１月に帰国され，現在，中国社会科学院世界宗教研究所の教授として活躍されておられます。惠學が2010年10月に亡くなるまで，凱朝氏は，毎年のように日本パーリ学仏教文化学会に参加され，研究発表しておられました。その時は，必ず，速念寺へ惠學に挨拶に来られ，中国での研究の様子などを報告しておられました。

凱朝氏の関係で惠學と私は，北京，内モンゴル自治区などにある浄土関係の寺院（雍和宮の住職）と居士林（夏法聖理事長），中国仏教会（浄慧法師）を始めとする高僧たちを訪問し，友好交流を行いました。このように，中国仏教やモンゴル仏教の浄土関係について，凱朝氏は，熱心に日本の学会や日本社会に紹介されています。惠學は，「凱朝氏は，モンゴル仏教の浄土思想関係について研究している第一人者だ」と，申しておりました。

2013年８月，惠學の教え子であるスリランカ仏教の高僧ヴィマラワンサ師（Ven. Kirimetiyane Wimalawansa thera）のお蔭で，スリランカで凱朝氏とスリランカの国民と仏教文化や色々な交流を行ない，スリランカの総理大臣や仏歯寺の高僧とお会いできました。テレビ局にも生放送で取材されました。そして，私はテレビで「スリランカの皆様は信仰が厚く，仏教の慈悲の心をお持ちになっておられ，仏教の精神を無言のうちに教えて下さっている気がしています」と釈尊時代の原始仏教が，現在のスリランカに生きていることを実感した通りにお伝えいたしました。

2014年11月，スリランカの３名の高僧と共に，中国の北京と，スリランカに仏法を求めに赴いた法顕法師の故郷である山西省太原市と五台山まで訪問しました。国際的な友好交流することができました。

ここに凱朝氏の長年に互る刻苦精励を称賛すると共に，併せて江湖の好学の士にこの書を広く推薦させていただきます。

2015年10月31日

前田　龍　合掌

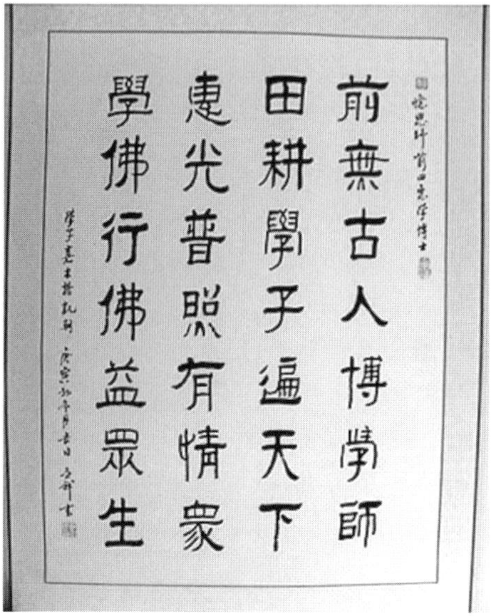

前田惠學憶念詩

刊行に寄せて

この度，嘉木揚凱朝博士（以下，凱朝博士と呼ぶ）の著作『モンゴルにおける浄土思想』が発行されることとなり心よりお慶び申し上げます。

凱朝博士と始めてお会いしたのは，今から20年ほど前のことであります。前田惠學先生からご紹介を頂きました。以来互いに浄土思想について共同研究を進めて参りました。その間，凱朝博士は，日本学術振興会外国人特別研究員に採用されその成果として『モンゴル仏教の研究』（2004年，法藏館）を出版されました。凱朝博士の行動力は，単に学問のみに留まらず，日中仏教文化の交流にご尽力頂いたことです。その一つは「中国社会科学院訪日」を実現されたことです。

もとより凱朝博士の業績は「モンゴル仏教と浄土教との関係」を時代的に分析され体系化されたことにあります。そして，さらに凱朝博士の研究は，日本浄土教，就中，親鸞の宿業観にも及んでいます。特に中国浄土教の中心は積善的な考えと言ってよいでしょう。つまり，どこまでも善を積むことが大事なことであり，聖道自力の教えが主になっていると考えられます。ところが親鸞は，浄土他力の教えにたち，どこまでも自己の罪業性の自覚を真摯に追求したものと言ってよいでしょう。そのような「悪人正機」の教えは，「とても衝撃的であった」と凱朝博士はよく言っておられました。

そこで凱朝博士は，先ず『華厳経』の普賢行を中心に，大乗菩薩道について考察されました。そして，斯かる仏道を求める中から，阿弥陀の本願に触れられ，具体的にモンゴル仏教の阿弥陀信仰について研究されたのです。そこからさらに『阿弥陀経』の「執持名号」に着眼され，念仏相続の意義について明らかにされました。

このように凱朝博士の研究は，次々に顕現する問題意識の展開によって進められました。特に前著『モンゴル仏教の研究』が学術的あったのに対して，今回の『モンゴルにおける浄土思想』はフィールド・ワークを通して，現代モンゴルの信者の生活をも紹介しておられます。

また，凱朝博士は，北京雍和宮から発行されている雑誌『雍和宮』に毎回執筆され，現代モンゴル仏教の現状を全世界に発信されていることをお伝えいたします。

最後に凱朝博士のご健勝を念じ，向後学問研究を進められ，さらに教育指導にもご尽力頂くことを期待して，拙い序分とさせて頂きます。

合掌

2016年２月19日

インドブッダガヤにて

同朋大学元学長　同名誉教授　博士（仏教学）

中村　薫

堆繍無量寿仏

目　次

序　［前田　龍］　i

刊行に寄せて　［中村　薫］　iii

序　論　モンゴル地区仏教・中国仏教徒・日本の浄土意識　3

序　言　3

第1節　モンゴル人の浄土意識　5

第2節　モンゴルの臨終問題・依法滅罪　8

第3節　中国仏教徒の帯業往生と日本の悪人正機　10

1　中国仏教徒の帯業往生　10

2　日本の悪人正機　11

第4節　モンゴルの葬法　12

第1章　普賢菩薩十大願によるモンゴル人の阿弥陀仏信仰　15

第1節　序　言　15

第2節　『聖普賢菩薩行願王経』に見られる阿弥陀仏信仰　16

第3節　普賢菩薩行願善説荘厳経による阿弥陀仏信仰　27

第4節　結　語　46

第2章　モンゴル語訳『聖阿弥陀仏の大乗経』について　51

第1節　序　言　51

第2節　モンゴル語訳『聖阿弥陀仏の大乗経』日本語試訳　54

第3節　結　語　73

第3章　モンゴル仏教における禅浄の研究　77
——瑞応寺の活仏と梵宗寺の活仏とを中心にして——

第1節　序　言　77

第2節　瑞応寺の活仏チャガン・ディヤンチ・ホトクトの禅浄の実践　78

第3節　梵宗寺の丹迴・冉納班雑活仏の禅浄の実践　83

第4節　結　語　87

第４章　モンゴル仏教における「朝課」の研究　93
第１節　序　言　93
第２節　「朝課」に用いる経文と願文の由縁　96
第３節　結　語　103
第５章　中国の「念仏打七」信仰の復興および現状　107
第１節　序　言　107
第２節　通教寺・広化寺・柏林寺の「念仏打七」　109
1　生前往生と死後往生　109
2　通教寺と広化寺の「念仏打七」　111
3　柏林寺の「念仏打七」　113
4　帯業往生の意識　115
第３節　浄土聖典と念仏祖師の選択　116
第４節　仏・菩薩の縁日における「念仏打七」　118
第５節　執持名号を「阿弥陀仏」の４字とする理由　122
第６節　現代往生者の実例　125
1　比丘性寂法師の往生　126
2　比丘尼果松法師の往生　127
3　黄念祖居士の往生　129
第７節　結　語　130
第６章　文化大革命後のモンゴル仏教の様態　135
——北京市雍和宮と承徳市普寧寺を中心として——
第１節　序　言　135
第２節　雍和宮と普寧寺の由縁　137
第３節　年中法会活動　138
第４節　布薩儀軌　139
第５節　釈尊誕生会　140
第６節　普寧寺マニ法会（瞑想念仏）　142
第７節　大願祈禱法会　143
第８節　モンゴル仏教の『献沐浴誦』　144
第９節　モンゴル仏教における金剛駆魔法舞　144
第10節　結　語　146

第７章　仏教の理念をもって信仰と道徳を考える　149
第１節　序　言　149
第２節　『華厳経』で説く浄土信仰について　151
第３節　ツォンカパ大師による信仰と道徳の思想　151
第４節　星雲大師と弘一法師の人生観　155
第５節　儒教と道教および仏教の「因果関係」について　156
第６節　仏教で説く「無我」について　159
第７節　結　語　160
第８章　モンゴル仏教における無量寿仏灌頂の研究　163
第１節　序　言　163
第２節　発願者の無量寿仏灌頂の概要　163
第３節　無量寿仏灌頂の儀式次第　166
第４節　結　語　181
後　記　185

モンゴルにおける浄土思想

序　論

モンゴル地区仏教・
中国仏教徒・日本の浄土意識

序　言

大乗仏教の興起以後，浄土思想が現われたが，この浄土思想は，日本では一般的に阿弥陀仏とその浄土について説く，いわゆる浄土三部経と呼ばれる経典（『仏説無量寿経』『仏説観無量寿経』『仏説阿弥陀経』）の思想を指し，中国ではこれら浄土三部経にさらに『大仏頂首楞厳経大勢至菩薩念仏円通章』と『大方広仏華厳経普賢菩薩行願品』を加えた浄土五部経が説く思想をいう場合が多い[1)]。そして，モンゴルにおいては，『阿弥陀経灌頂』[2)]『往生極楽浄土願』[3)]『普賢菩薩行願王経』[4)]『聖無量寿命と智慧者と名付ける大乗経』[5)]などの経典が説く思想をも含めて，浄土思想を指している。

阿弥陀仏を主とする浄土信仰は，インドにおいて種々の思想と融合し，チベットに伝わって顕教と密教とに展開したが，モンゴルにはこのように顕教と密教とを兼ね備えた浄土思想が伝来して栄え，そして民衆化していった。

モンゴルにあっては，仏教伝来当初より阿弥陀仏が信仰されてきたが，一般の民衆が阿弥陀仏を信仰し供養するのは，民衆にとって，阿弥陀仏の化身である無量光仏（Amitābha）が人々に智慧を与え，阿弥陀仏の化身である無量寿仏（Amitāyus）が人々に長寿と幸福を与える仏であると強く信じられているからである[6)]。そのため，モンゴルの仏教徒は，阿弥陀仏のことをモンゴル語でナスンノボルハン（Nasun-un Burqan，長寿仏）と呼び，毎年のように僧侶を自宅に招き，父母や祖父母の寿命長寿と福徳円満のために，密教の『阿弥陀仏灌頂（*tShe chog ḥdod ḥjo dbang gi rgyal po shes bya ba bshugs so*）』と『聖普賢菩薩行願王経（*Qotugtu sayin yabudal non irugel non hagan*）』[7]という経典などによる法要を依頼している。こうした習慣は今日でも広く行なわれている。

大乗仏教経典では，『法華経』でも『無量寿経』でも，阿弥陀仏は永遠の生命をもつ仏であると説かれている。歴史上の釈尊は80歳で入滅したものの，不滅の法は後世まで残された。西方の極楽浄土にいる阿弥陀仏は，本質的には永遠の理法であるが，その永遠の理法を，われわれが直接的に肌で感じられるほどに具体化し，人格化して示したものが，阿弥陀仏であるともいえよう[8]。このような阿弥陀仏を，永遠の生命に生きるナスンノボルハン（長寿仏）として信仰するのが，すなわちモンゴル仏教徒の宗教意識なのである。

さらにいえば，浄土のことをモンゴル語でボルハン・ノオルン（Burqan nu orun）と呼んでいるが，仏教寺院はいうまでもなく，仏教の聖地とされる山や石を積み上げたオボガ（oboga，敖包）と呼ばれる聖地などを，ボルハン・ノオルンすなわち浄土であると強く信仰している。

今日にいたるまで，日本の学会においてモンゴル仏教における浄土思想に関する研究は，私の若干の論文を除いて，おそらくほとんど発表されてこなかった。そこで，モンゴル人は，どのような浄土思想を抱いているのか，どのような目的で浄土に関心をもっているのかについて検討してみたいと考えている。このような浄土思想の変容過程を踏まえることによって，モンゴルにおける浄土思想が解明されるのではないだろうか。また，中国や日本，チベットの浄土思想との比較によっても，モンゴルの浄土思想がより鮮明になると思われる。

ここでは，本書の序論としてモンゴルにおける浄土思想の特徴のいくつかを中国，日本，チベットの浄土思想を挙げながら述べておきたい。

蒙山文化芸術と浄土思想研討会（2015年）

第1節　モンゴル人の浄土意識

モンゴルで聖者といえば，天意・天命を受けた高僧のことであり，「ホトクト」（Qutugtu，呼図克図）と呼ぶ。モンゴル仏教では，浄土へ往き，浄土から人間界に再来する人を「乗願再来」として「活仏」と呼んでいる。この活仏がホトクトである。モンゴルで信仰されている仏教の最大の特徴は僧侶のあり方にあるといえる。それは，僧侶は釈尊の再来とされ，その釈尊の再来である僧侶のなかに上師があり，上師のなかに活仏があるというものである[9)]。

モンゴルに仏教が伝来する以前から，土俗信仰としてシャーマニズム（shamanism）の一種であるボゲインシャシン（Bogeyin Sasin，薩満教）が存在していた。ボゲインシャシンのオボガは，モンゴル人の浄土であり，清浄な依りどころであって，昔から女性が登ることが禁止されてきた。今日でもなお，ほとんどのオボガと呼ばれる聖地は浄土として，女性の入山が禁止されている[10)]。

モンゴルへの仏教伝来以後，仏教寺院は民衆にとって，こうした浄土であ

火供法会（護摩法要）

ると信じられてきた。そして，高僧たちを仏・菩薩の再来と信じ，これらの高僧をホトクトと尊称してきたのであった。これらのホトクトに帰依して祈れば，今生では無事に月日を送り，幸せに生活できるとされ，死後は生死流転の世界を離脱し，聖なる仏国・極楽浄土などに往生できると信じられている。また，日常生活のなかでは，知らない間に多くの罪悪を造っていると考えており，それゆえ，その罪悪を浄化するために浄土である寺院を訪ね，僧侶に懺悔儀式を願い，また自分たちの家に僧侶を招いて読経してもらったりする。たとえば，家族の一人が亡くなると，その家族は先ず寺院を訪れ，僧侶に依頼して，死者のために法要を行なう。その場合，信者は次のように僧侶にお願いする。「ラマバクシ（お和尚さん），私のお爺さんが成仏（Burqan bolqugsan）した。お経を読んでいただきたい」と。そして死者の家を訪れた僧侶は，『往生極楽浄土願』などの経典を読誦する。以後，四十九日まで寺院において法要が営まれる。

このような浄土思想は，地域的には，モンゴル国ブリヤートモンゴル自治共和国，中国の内モンゴル自治区・遼寧省・吉林省・黒龍江省・新疆ウイグル自治区・甘粛省・青海省・寧夏回族自治区・河北省・河南省などのモンゴル族自治県にまで及んでいる。

一般の民衆は，人が亡くなったら，浄土に往生し成仏できると信じており，僧侶もまた一生を通して，毎日それぞれが選択した本尊の経典を念誦し，そうして積んだ善根によって臨終のときに，浄土往生して成仏できると信じている。

民衆が僧侶に依頼して経典を読誦してもらう理由は，そもそも僧侶とは釈尊に代わって釈尊の教えを民衆に伝達する存在だからである。日常生活のなかで，民衆は知りながら，あるいは知らない間にいろいろな罪悪を造っている。だから，修行を達成している僧侶に法要を行なってもらえれば，必ずその罪悪を浄化できると信じているのである。僧侶にもしもこのような能力がなかったならば，民衆はわざわざ浄土とされる仏教寺院を訪ね，僧侶に懺悔儀式などを依頼する必要はないであろう。モンゴル仏教では活仏の制度が今日まで伝承されているが，それが絶えず継承されてきた理由も，おそらくこの点にあるであろう。モンゴル人は，モンゴル仏教の高僧ターラナータ（Tāranātha，多羅那它，1575-1634）を，兜率天の浄土に住している弥勒仏の化身とされるジェブツンダンバ・ホトクトとして篤く信仰している。さらにまた，そのジェブツンダンバ・ホトクト8世のジェブソンガクワンチョジニマダンジンワンチュク（rJe btsun ñag dbaṅ chos kyi ñi ma bstan ḥdsin dbaṅ phyug，哲布尊阿旺曲済尼瑪丹彬旺曲克，聖尊語王法太陽持教自在，1874-1924）を，宣統3年（1911）12月29日の中華民国建国直前に，モンゴル国の初代皇帝として招いた[11]。

モンゴルでは，『兜率天上師瑜伽法（*dgaḥ ldan lha brgya ma*）』と『往生西方極楽世界』によって修行すれば，あるいは人に読誦してあげることによって，人は必ず兜率天の浄土や，西方にある阿弥陀仏の極楽浄土に往生することができると信じられている。

第2節　モンゴルの臨終問題・依法滅罪

モンゴル人は，一生涯で造った「罪悪」(nikul）を懺悔し，浄化しないと，阿弥陀仏がいる極楽浄土に往生することができないと信じている。だから，臨終に際しては，必ず自分の家に僧侶を招いて読経してもらう。モンゴル人は，生前の「罪悪」を浄化することによって福徳を得ることができると考えている。

五体投地をして，観世音菩薩のオム・マ・ニ・パド・メ・フン（Oṃ ma ṇi pad me hūṃ，嗡嘛呢叭咪吽）の六字真言を唱えながら，仏教の聖地五台山まで巡礼する光景が今日でも見られるが，それはこのような考えに基づくものである。

観世音菩薩の六字真言オム・マ・ニ・パド・メ・フンは，一切諸仏の密意を一つにまとめた本質を表わしているとする。すなわち八万四千の法蘊の根本を一つにまとめた真髄，一切の善業と功徳の源泉，一切の利楽や成就の根本であり，善趣と解脱の聖道であると考えられている[12)]。

したがって，この六字真言を一生涯にわたって唱え続ければ，罪悪を浄化

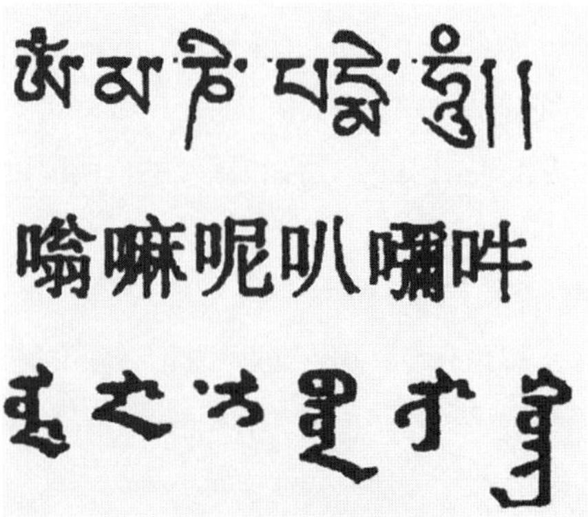

観世音菩薩六字真言

四臂（手）観音

し，苦しみを取り除くことができるとされる。また，一生涯に一度だけでも，浄土として信仰するチベットのラサや，青海省のグブン寺（sku ḥbum byams pa gliṅ，塔爾寺），山西省の五台山のいずれかに巡礼参拝して，過去の罪悪を浄化すれば，来世には必ず極楽浄土や他の浄土に往生し，成仏できると信じられている。

なお，チベット仏教ゲルク派の開祖ツォンカパは，16歳まで青海湖の寺院で修行した。その後，チベットでこの世の浄土とされるラサ（lha sa，拉薩，仏の浄土の意味）に法を求めて赴いた。母親と音信が途絶えて何十年かが経ったある日，故郷の僧から，母がどうしてもツォンカパに会いたいといっているという連絡が入った。しかし，ツォンカパは，一切衆生のために修行を続けなければならないと考えて，自分の血で手紙を書き，故郷の母親に送った[13]。手紙にはこう書かれていた。生きとし生けるものはすべて自分の母や父になったことがある。死にかわり生まれ変わって，母となり父となる。そして生きとし生けるものすべてを救う。そのために修行している，と。このようなツォンカパの思想が，モンゴルの地に広く伝えられている。

このような言い伝えから，モンゴルの母親たちにとっては，自分の子が僧になることは，「金の塔」（Altan suburga）を造ることと同等であるとされ，僧になった子が，母なる一切衆生に利益することは，母親の最高の光栄であるとされるようになった。

第3節　中国仏教徒の帯業往生と日本の悪人正機

1　中国仏教徒の帯業往生

中国仏教徒のあいだには，この世で造った罪悪を浄化できなくても，この世で造った善や悪の業をもったまま，極楽浄土に往生できるとする意識がある。これを「帯業往生」というが，現代の中国仏教徒に特徴的な主張である[14)]。

『阿弥陀経』には次のような話が描かれている。すなわち「極楽浄土には種々の珍しい鳥がたくさん飛んでいる。白鳥が舞い，孔雀が羽根を広げ，鸚鵡が人の口まねをして鳴き，百舌鳥が人の言葉を語り，妙音鳥が妙なる音楽を奏で，二頭一身の共命鳥が甲高い声で鳴いている。これらの鳥は昼も夜も絶えることなく，いつも妙なる鳴き声であい和している。歌声は，ただの鳥の歌声ではない。悟りの道に向かわせる五根と五力や，悟りの智慧を助ける七種の修行，悟りに至る8つの聖なる道などを説き明かしている。極楽浄土に生きる，生きとし生ける一切は，これらの鳥の歌声を聞き終わるとみな，仏を念じ，法を念じ，僧を念じる」と[15)]。

このように『阿弥陀経』に説かれていることから考えて，極楽浄土に往生しても，極楽浄土での修行が必要であることが明らかである。もしも，修行する必要がなければ，往生した極楽浄土でも続けて，なぜ三十七道品に従って修行するのだろうか。三十七道品を修行するということは，悪業を身に付けたまま衆生が極楽浄土に往生しているから必要とされるのである。このように衆生は，極楽浄土でも引き続いて修行する必要があると中国仏教徒は考えているのである。

2　日本の悪人正機

日本では，「悪人正機[16]」という浄土真宗における浄土意識の影響で，悪人でも善人でも，人は誰でも死ねば，阿弥陀仏の極楽浄土に成仏できると考えられている。死者を「ほとけ」と呼ぶ日本人にとって，これはごく普通の浄土意識だという[17]。

浄土真宗の開祖である親鸞聖人は「至心廻向」という文句を従来の漢文の読み方をせずに，独特の読み方で読んでいる。「至心廻向」とは至心に廻向することであるが，ここで問題となるのは誰に廻向するかということである。一般的には，一切の衆生が阿弥陀仏に自分たちの徳行を廻向し，その効力を極楽浄土往生に向けることである。しかし，親鸞聖人はこのような読み方，解し方を逆にして，阿弥陀仏が自ら積み上げた功徳を一切衆生の上に廻向し，一切の衆生のために浄土往生の道を開くことと解した。ここに，親鸞聖人の他力浄土思想の本質が存在すると考えられている[18]。

廻向は，仏と衆生との間にある因縁関係によるものである。廻向する仏にしても，廻向される衆生にしても，仏と衆生が存在しているからこそ，廻向が要請される。このことは，テレビがあっても人が見ていないとテレビの存在理由がないことと同様である。

親鸞聖人の本意は，このような因縁の立場にある廻向と思われる。阿弥陀仏が本願を建立したことをもって，そのまま衆生を救済するための廻向であるとすることにあったと思われる。

第4節　モンゴルの葬法

モンゴルの葬法には，自然葬・火葬・土葬・水葬・風葬があり，古くから行なわれてきている[19)]が，人は死ぬと，肉体は人間界に残り，ソーニスー(sunisu)・霊魂だけを他の浄土に移すと信じられているのが特徴である。

「生まれる時は秘密の生殖器から，死ぬ時は顔から」ということわざがモンゴルにある。人は女性の生殖器から生まれ，顔にある両目が閉じることによって死ぬという意味である。

モンゴルでは，家で亡くなった人の死体を門から出さず，窓から出している。その理由は，昔は人々が住むところは，羊の毛でつくったテントだけであった。テントの窓は天井にあるため，人の霊魂は天井から浄土に行くと考えた。そのため，死体を窓から出すのである。死者の霊魂は，死亡した場所に3日間残るといわれている。死体を出すときには，死者の足から頭までの全身を白布で包む。白布を使用するのは，白色が善業を指すと信じられているからである。すなわち，白布で死体を包んでおけば，来世は必ず浄土に生まれることができると信じられているのである。白布で死者を包む作業は，男性の手でなされるが，この男性は死者と同じ十二支に生まれた人でなければならない。死後2～5日の間に，死体は4人の男性によって棺の前後を紐でつり下げて山や森や荒野へ運ばれる。死者の息子が，オム・マ・ニ・パド・メ・フンという観世音菩薩の真言を書いた白布を，柳の枝に掛け持って先頭に立って進んで行く。これをモンゴル語でマニ・エグルグ（maṇi egurgu）と呼ぶ。これには女性の同行は禁止されている。

山や森や荒野に運び，そこに捨てられた死体に，霊魂が残っていれば，動物もその死体を食べないと信じられている。したがって，屍肉の喰われ方で，死者が往生できたか，まだ往生できていないかが分かると考えられている。死体が動物に喰われていれば，死者は福徳を積むことになる。動物たちが一時期にしても，腹一杯喰えれば，狼のような大きい動物が，他の小さく弱い動物を喰うことはないと考えられているからである。

人間はその霊魂だけが他の浄土などに往生するというのがモンゴルの往生観である。それゆえ，もし動物に喰われずに肉体が残れば，死者の霊魂が肉体に執着しているため，それが浄土往生の妨げになると考える。それゆえ，肉体を動物に喰わせることが浄土往生に大切な方法とされる。

これがモンゴル仏教徒の浄土思想における葬法の特徴なのである。[20]

註

1）　釈思慧『浄土五経』（台湾仏教出版社，出版年不詳）。

2）　『阿弥陀仏灌頂（*tShe chog ḥdod ḥjo dbaṅ gi rgyal po shes bya ba bshugs so*）』（中国北京雍和宮所蔵，出版年不詳）。

3）　胡雪峰・嘉木揚凱朝編訳『蔵漢蒙仏教日誦（*Tubed kitadmonggol qabsurgagsan qandon nom*）』（中国民族出版社，2009年）323～367頁。またツルティム・ケサン，小谷信千代「チベットの浄土教――民衆の信仰――」（『浄土仏教の思想』第３巻，講談社，1993年）189～284頁参照。

4）　前掲註３『蔵漢蒙仏教日誦』445～485頁。

5）　『聖無量寿命と智慧者と名付ける大乗経（*Qutugtu Caglasi üge nasun kiged bilge bilig tü neretü yeke külgen sodor orusibai*）』（中国内蒙古図書館所蔵，出版年不詳）。

6）　拙稿「モンゴルにおける阿弥陀仏の信仰」（『印度学仏教学研究』51-1，2002年）。

7）　拙稿「モンゴル語訳『聖阿弥陀仏の大乗経』について」（『同朋大学仏教文化研究所紀要』22，2002年）。

8）　前田惠學『仏教要説――インドと中国』（山喜房仏書林，1968年）67～68頁参照。

9）　拙著『モンゴル仏教の研究』（法藏館，2004年）２～８頁。

10）　散普拉諾日布編著『蒙古風俗（*bSam phel nor bo, Monggol un jang agali yin toyimu*）』（中国遼寧民族出版社，1990年）324～328頁。また〔意〕図斉・〔西徳〕海西希著『西藏和蒙古的宗教』（中国天津古籍出版社，1989

年）413～418頁参照。

11） モンゴル科学アカデミー歴史研究所編著，田中克彦監修，二木博史・今泉博・岡田和行訳『モンゴル史　1』（恒文社，1988年）2頁。

12） 吉田順一・賀希格陶克陶訳注『アルタン＝ハーン伝』（風間書房，1998年）144～141頁。

13） 法下周加巻『至尊宗喀巴大師伝』（中国青海人民出版社，1988年）123～124頁。前田惠學『釈尊』（山喜房仏書林，1972年）9～15頁。

14） 詳細は，拙論「中国における『念仏打七』信仰の復興と現状」（『同朋大学仏教文化研究所紀要』20，2000年）131～148頁，「中国における『念仏打七』信仰の形成」（『東海仏教』44，1999年）62～76頁参照。

15） 鳩摩羅什訳『仏説阿弥陀経』（『大正新修大蔵経』12，347頁）。

16） 「悪人正機」については多く『歎異抄』の第三条が論議の出発点となっている。そこに「善人なをもて往生をとぐ。いはんや悪人をや。」という言葉が見られる。

17） 中村元『日本人の思惟方法』（中村元選集第3巻，春秋社，1989年）68～75頁。

18） 鈴木大拙『浄土系思想論』（法藏館，1978年）2～8頁。

19） 馬文学・呉金宝編著・海風奇訳『蒙古貞風俗』（中国遼寧民族出版社，1996年）129～133頁。また立川武蔵編『曼荼羅と輪廻・その思想と美術』（佼成出版社，1993年）67～68頁によれば，チベット人の葬儀式（bod miḥi ḥdas mchod）として，土葬（sa sbas gtor）・水葬（chu gtor）・火葬（me sreg gtoṅ ba）・鳥葬（bya gtor）がある。

20） 拙稿「モンゴルにおける阿弥陀仏の信仰」（『印度学仏教学研究』51-1，2002年）279～282頁。

第1章

普賢菩薩十大願による
モンゴル人の阿弥陀仏信仰

第1節　序　言

モンゴルでは仏教の伝来当初より阿弥陀仏が信仰されてきた。モンゴルの民衆にとって阿弥陀仏の化身である無量光仏（Amitābha）は人々に智慧を与え，また無量寿仏（Amitāyus）は人々に長寿と幸福を与える仏であると強く信じられているからである[1]。モンゴルの仏教徒は阿弥陀仏をモンゴル語で「ナスンノボルハン」（Nasun-un Burqan，長寿仏）と呼ぶ。そして毎年，僧侶を自宅に招き，自分の父母や祖父母の寿命長寿と福徳円満のために密教の『阿弥陀仏潅頂（*tShe chog hdod hjo dbang gi rgyal po shes bya ba bshugs so*）』と『聖普賢菩薩行願王経（*Qotugtu sayin yabudal non irugel non hagan*）』（以下『普賢王経』[2]）などによる法要を僧侶に依頼する。この習慣が今日でも広く行われている。

大乗仏教経典においては，『法華経』でも『無量寿経』でも，阿弥陀仏は永遠の生命をもつ仏として説かれている。歴史上の釈尊は80歳で入滅したが，不滅の法が残った。本質的には永遠の理法をわれわれが直接肌で感じられるほどの存在として具体化し人格化して示したものが西天の極楽浄土にいる阿弥陀仏であると考えられている[3]。このような阿弥陀仏を，永遠の生命に生きるナスンノボルハン，すなわち無量寿仏であるとして信仰する，これがモンゴル仏教徒の宗教意識といってよい。

日本や中国などでは一般的に，阿弥陀仏の極楽浄土に往生するためには，『無量寿経』が説く四十八願によることが重要であると考えられている。しかし，モンゴルの仏教徒にとっては，『無量寿経』に説く四十八願はもちろんであるが，それ以外の『普賢王経』や『往生極楽浄土願（*bDe ba can du skye bahi smon lam bshugs so*[4]）』などの経典に従って修行すれば，『無量寿経』の四十八願によるのと同じように，必ず極楽世界に往生できるとされている。

本章では，このような『普賢王経』に見られる阿弥陀仏信仰について取り上げて考察してみたい。その際，チベット語の『聖普賢菩薩行願善説荘厳経[5]』と『普賢王経』，および台湾仏教出版社の『浄土五経』の一つ『大方広仏華厳経普賢菩薩行願品[6]』を列挙して，そこに記載されている普賢菩薩十大願による阿弥陀仏信仰に関する記述を取り上げて考究する。

第2節　『聖普賢菩薩行願王経』に見られる阿弥陀仏信仰

『普賢王経』には，修行者は普賢菩薩の十大願による修行を行じることによって，阿弥陀仏の法身である大日如来に接見でき，そこで大日如来仏に授記され，そして阿弥陀仏の化身である無量光仏の極楽浄土に往生することができると説かれている。

以下に，まずチベット語の『普賢王経』を掲げる。次に湯薌銘氏によるチベット語から漢訳した『普賢王経[7]』を対照して示し，さらに拙訳によるチベット原文からの日本語訳を併記した。日本語訳文の（　）中のローマ字表記は固有名詞などのサンスクリット語を示し，［　］は原文にない補足の語句を表す。

なお，漢訳と日本語訳の間には若干の表現に差がある。たとえば，チベット語で「ナンワンタヤェ」（sNang ba btha yas）とは漢訳の「無量光」であ

普賢菩薩（峨眉山）

るが，原意は「大日如来」（光明無辺）のことである。

Gaṅ gis bzang spyod smon lam ḥdi btab phs // des ni nan song thas cad spans bar ḥgyur // des ni grogs pho nan pa yin // snang ba mthaḥ yas de yang des myur mthong //
（諸有発此賢行願，彼能遠離諸悪趣；彼亦遠離諸悪友，彼速親覩無量光。）
だれでも普賢菩薩のこの十大願を発せば，それによってよく苦しみの生存の世界を解脱することができる。それによってすべての悪友から遠く離れることができるから，［阿弥陀仏の法身である］大日如来も速やかにかれを親見する。

bDag ni ḥchi bahi dus byed gyur pa na // sgrib pa thabs cad dag ni phyir

bsal te // mnon sum snang ba mtha˙ yas de mthong nas // bte ba can gyi shing der rab tu ḥgro //
(願我臨欲命終時，普能掃除一切障；親覩如来無量光，即得往生極楽刹。)
そして，私の命が終りに近づいた時，［十大願修行の福果として］一切の煩悩を取り除けば，目の前に阿弥陀仏の無量の光を親見し，直ちに安楽な浄土によく往生することができる。

rGya bahi dkyil ḥkhor bzang shing dgah ba der // padmo dam pa śin tu mdses las sgyes // snang ba mthah yas rgyal bas mnon sum du // lung bstan pa yang bdag gis der thob śog /
(彼仏中囲賢調悦，我従瑞厳妙蓮生；親覩如来無量光，我於其中得記別。)
そして，かの［阿弥陀］仏のおわす極楽浄土は，美しく，楽しい。私は蓮華から生まれる。［阿弥陀仏である法身の］大日如来が，私を親見する。それによって私は授記を得る。

bZang po spyod paḥi smon lam bsnos pa yi // bsod nams dam pa mthah yas gang thob des // ḥgro ba sdug bsngl chu bor bying ba rnams // hod dpag med paḥi gnas rab thob par śog /
(以此賢行願廻向，所讃福徳勝無辺；沈溺苦海諸有情，往生無量光仏刹。)
そして，普賢菩薩の勝れた［十大］願を廻向する。得た聖なる福徳は数えらないほどである。苦海に沈溺して苦しんでいる衆生も，福徳によって［阿弥陀仏の化身である］無量光仏の浄土である［極楽世界］に往生することを願いたてまつる。

以上の4つの偈は，チベット語訳『普賢王経』の中で，阿弥陀仏を称讃したものである。第1から第3の3つの偈が，「ナンワンタヤェ」(sNang ba btha yas)，すなわち阿弥陀仏の法身である大日如来を称讃した偈であり，最後の第4の偈が，「オドパクメド」(ḥod dphag med)，すなわち阿弥陀仏の化身である無量光仏を称讃した偈である。

ところで，チベット語経典の中では，「無量光仏」の呼称が随所に用いられており，たとえば，パンチェン・ラマ（Pan chen bogda，班禅博克多）は阿弥陀仏の化身とされる[8)]。チベット人やモンゴル人はみな，パンチェン・ラマを阿弥陀仏すなわち無量光仏の化身であると尊敬しているのである。

さて，『聖普賢菩薩行願王経』に見られる，阿弥陀仏に関する部分を概観してきたが，これによれば，「修行者は普賢菩薩の十大願による修行法を実践すれば，遷流流転してやまない迷いの六道の世界を解脱することができ，すべての悪友との交友を断ち，遠く離れることができる」とする。そして「六道を解脱し，悪友を遠離することによって，阿弥陀仏の法身の大日如来が速やかに修行者に現見し授記されるが，この授記によって阿弥陀仏の化身である無量光仏の勝れた浄土に往生できる」という。

この教説は，顕教と密教を兼ね具えたチベット仏教とモンゴル仏教との，密教の面に共通した特徴的な修行法であるといえる。このような利益の功徳を説く『聖普賢菩薩行願王経』は，モンゴル仏教においてはすべての寺院の朝の勤行で読誦されている。モンゴル仏教の僧侶にとっては，この経典を暗記して毎日唱え続け，そして一生涯絶えることなく唱え続けることが，成仏に向かう大切な修行法とされているのである。

チベット語訳とモンゴル語訳の『普賢王経』が説く普賢菩薩の十大願は，今に生きる誓願の一種である[9)]。この普賢菩薩の十大願は次の10種の誓願とされる。

rgyal ba kun la rab tu phyag ḥtshal lo //
第一願は，「礼敬諸仏」――諸仏を礼敬し，
bde bar gśegs pa thams cad bdag gis bstod //
第二願は，「称讃如来」――如来を称讃し，

mchod pa gaṅ rnams bla med rgya che ba //
第三願は，「広修供養」——広く供養を修し，
sdig pa thams cad bdag gis so sor bśags //
第四願は，「懺悔業障」——業障を懺悔し，
ḥgro ba kun gyi bsod nams rjes yi rang //
第五願は，「随喜功徳」——功徳を随喜し，
ḥkhor lo bla na med pa bskhor bar bskul //
第六願は，「請転法輪」——転法輪を請い，
thams cad rdsogs pahi byang chub phyir bsṅoho //
第七願は，「普皆廻向」——普く皆廻向し，
bskhal ba shing gi rdul sñed bshugs par śog //
第八願は，「請仏住世」——仏の住世を請い，
de dag rgyal ba thams cad la yang mos //
第九願は，「常随仏学」——常に仏にしたがって学し，
de dag khun gyi rjes su bdag yi raṅ //
第十願は，「恒順衆生」——恒に衆生に順ずる。

これが，チベット語訳とモンゴル語訳の『普賢王経』が説く普賢菩薩の十大願といわれる誓願である。なお，上記の十大願はチベット語訳と日本語訳の併記の形をとったが，モンゴル語訳の十大願はチベット語訳の十大願と同一であるから，煩雑を避けてチベット語訳と日本語訳のみとした。漢訳は湯薌銘氏がチベット語から漢訳したものに従っている。

チベット語訳とモンゴル語訳の『普賢王経』においては，十大願はさらに15種の偈に引き伸ばして説かれている。ただし，その内容は十大願に限られている。以下にその関係を見てみよう（なお漢訳は，上記と同様，湯薌銘氏の漢訳に従う）。

(1) 第一願――礼敬諸仏

ji sñed su dag phyogs bcuḥi jig rten na // dus gsum gśegs pa mi seng ge kun // bdag gis ma lus de dag thams cad la// lus daṅ nag yid daṅ bas phyag bgi o //

(所有十方世界中，遊於三世人獅子；我以清浄身語意，遍礼一切悉無余。)

〈第一偈〉

[第一願の諸仏を礼敬するということは，] すべての十方の世界において，三世に遊化する人獅子（仏）に対し，私は身体も言葉も心も清浄ならしめて，一切すべてに礼を尽して余すところがない。

bzaṅ bo sphyod pahi smon lam stobs dag gis // rgyal ba thabs cad yid kyi mnon sum du // shing gi rdul sñcd lus rab btud pa yis // rgyal ba kun la rab tu phyag tshal lo //

(普賢行願威神力，普現一切如来前；一身復現刹塵身，一一遍礼刹塵仏。)

〈第二偈〉

[そして，私はすべての仏を心に念じ，] 普賢行願の力を普く一切の如来の前に現じ，国土の微塵にも等しい身体を現わして，私はいちいちすべての諸仏に敬礼したてまつる。

(2) 第二願――称讃如来

rdul gcig stcṅ na rdul paḥi saṅs rgyas rnams // saṅs rgyas sars kyi dbus na bshugs pa dag / de ltar chos kyi dbyiṅs rnams ma lus par // thams cad rgyal ba dag gis gaṅ bar mos //

(於一塵中塵数仏，各処菩薩衆会中；無尽法界塵亦然，深信諸仏皆充満。)

〈第三偈〉

[第二願の如来を称讃するということは，] 一つの微塵の中に，微塵〔の数〕に等しい仏が，それぞれ菩薩たちの集いの中に坐りたもう。このように，尽きることのないあらゆる諸仏によって満たされている法界の塵刹も同様であ

る。私は諸仏がそこに満ち満ちておられることを深く信じる。

de dag bsṅags pa mi zad rgya mtsho rnams // dbyangs kyi yan lag rgya mtshoḥi sgrakun gyis // rgyal ba kun gyi yon tan rab brjod cing // bde bar gśegs pa thams cad bdag gis bstod //

（各以一切音声海，普出無尽妙言辞；尽於未来一切劫，讃仏甚深功徳海。）

〈第四偈〉

［そして，］尽きることのない海のような功徳を有する仏を，あらゆる種類の音声を有する海のような言葉で，普くすぐれた言葉を発して尽きることがない。私は永遠の未来を尽くして，諸仏の甚深なる功徳の海を讃歎したてまつる。

(3) 第三願――広修供養

me tog dam pa phreṅ ba dam pa daṅ // sil sñan rnams dang śug pa bdug mchog dang // mar me mchog daG bdug spos dam pa yis // rgyal ba de dag la ni mchod par bgyi //

（以諸最勝妙華鬘，伎楽塗香及傘蓋；如是最勝荘厳具，我以供養諸如来。）

〈第五偈〉

［第三願の広く供養を修すということは，］美しい花や鬘で，そして最勝の楽器や塗油や傘蓋など，この上なく勝れた荘厳の具によって，私は諸仏如来に供養したてまつる。

na bzaḥ dam pa ranms daṅ dri mchog daṅ / phye ma phur ma ri rab mñam pa daṅ / bkod pa khyad par hphags paḥi mchog kun gyis rgyal ba de dag la ni mchod par bgyi //

（最勝衣服最勝香，末香焼香与灯明；一一皆如妙高聚，我悉供養諸如来。）

〈第六偈〉

［そして，］すぐれた華麗な衣服や芳しい香料をもって，また，粉末香，焼香いちいちを須弥山のように高く積み上げて，私は諸仏如来に供養したてまつ

る。

mchod pa gaṅ rnams bla med rgya che ba // de dag rgyal ba thams cad la yaṅ mos // bzaṅ bo spyod la dad paḥi stobs dag gis // rgyal ba kun la phyag ḥtshal mchod par bgyi //

（我以広大勝解心，深信一切三世仏；悉以普賢行願力，普遍供養諸如来。）

〈第七偈〉

［そして，］私は，広大で勝れた確認了解の心の働きで，一切の過去・現在・未来にわたる諸仏を深く信じたてまつる。普賢菩薩実践の誓願力によって，普く一切の諸仏如来を供養したてまつる。

(4)　第四願――懺悔業障

ḥdod chags she sdaṅ gti mug dbang gis ni // lus daṅ nag daṅ de bshin yid kyis kyang // sdig pa bdag gis bgyis pa ci mchis pa // de dag thams cad bdag gis so sor bśags //

（我昔所造諸悪業，皆由無始貪瞋痴；従身語意之所生，一切我今皆懺悔。）

〈第八偈〉

［第四願の業障を懺悔するということは，］私が過去に造った悪業は，貪りや怒りや愚かさによって生じた悪業であっても，身体や言語や心によって造った悪業であっても，私はそのすべてを懺悔したてまつる。

(5)　第五願――随喜功徳

phyogs bcuḥi rgyal ba kun daṅ sangs rgyas sras // raṅ rgyal rnams daṅ slob daṅ mi slob daṅ // ḥgro ba kun gyi bsod nams gaṅ la yaṅ // de dag kun gyi rjes su bdag yi raṅ //

（十方一切諸衆生，二乗有学及無学；一切如来与菩薩，所有功徳皆随喜。）

〈第九偈〉

［第五願の功徳を随喜するということは，］十方一切の衆生・二乗の学人・有

学の人・無学の人・独覚の人・如来・菩薩の福徳のすべてに，私は随喜したてまつる。

(6) 第六願──請転法輪

gaṅ rnams phyogs bcuḥi ḥjig rten sgron ma rnams // byang chub rim par saṅs rgyas ma chags brñes// mgon po de dag bdag gis thams cad la // ḥkhor lo bla na med pa bskor bar bskul //

（十方所有世間灯，最初成就菩提者；我今一切皆勧請，転於無上妙法輪。）〈第十偈〉

［第六願の転法輪を請じるということは，］十方に及ぶ，世間の灯火である悟りを完成し，最初に菩提を成就した者たちに，私は今，無上の妙法輪を転じられるように勧請したてまつる。

(7) 第七願──普皆廻向

phyag ḥtshal ba daṅ mchod cing bśags pa daṅ // rjes su yi rang bskul shiṅ gsol ba yi // dge ba cung zad bdag gis ci bsags pa // thamas cad bdag gis byaṅ chub phyir bsṅoḥo //

（所有礼讃供養福，請仏住世転法輪；随喜懺悔諸善根，廻向衆生及仏道。）〈第十一偈〉

［第七願の普く皆廻向するということは，］諸仏を礼拝し，供養した福徳や，諸仏にこの世に住し説法することを請じ，諸仏に随喜し，懺悔して生じた諸の善根すべてを，衆生と仏道に廻向したてまつる。

(8) 第八願──請仏住世

mya nan ḥdaḥ ston gaṅ bshed de dag la // ḥgro ba kun la phan shiṅ bde baḥi phyir // bskal ba shing gi rdul sñed bshugs par yaṅ // bdag gis thal mo rab sbyar gsol bar bgyi //

（仏若欲示所涅槃，我悉至誠而勧請；唯願久住刹塵劫，利楽一切所衆生。）
〈第十二偈〉
［第八願の諸仏の住世を請じるということは，］滅度を示そうと欲する仏たちに，私は至誠に懇請したてまつる。すべての人々の利益と安楽のために，刹塵の数に等しい劫の間，仏たちにこの世に住したまえと勧請したてまつる。

(9)　第九願――常随仏学

ḥdas paḥi sangs rgyas rnams dang phyogs bcu yi // ḥjeg rten dag na gaṅ bshugs mchod par gyur // gaṅ yang ma byon de dag rab myur bar // bsam rdsogs byaṅ chub rim par saṅs rgyas spyon //
（我随一切如来学，修習普賢円満行；供養過去諸如来，及与現在十方仏。）
〈第十三偈〉
［第九願の常に諸仏に従って学ぶということは，］私は，すべての諸仏に従って修学し，普賢菩薩の十大願を修行し成就した成果をもって，過去の諸々の如来や現在の十方におわす諸仏に供養したてまつる。

(10)　第十願――恒順衆生

phyogs bcuḥi sems can gaṅ rnams ji sñed pa // de dag rtag tu nad med bde bar gyur // ḥgro ba kun gyi chos kyi don rnams ni // mthun par gyur cig re baṅ hgrub par śog /
（十方所有諸衆生，願離憂患常安楽；獲得甚深正法利，所有意望亦成満。）
〈第十四偈〉
［第十願の常に衆生に順じるということは，］十方のあらゆる衆生が憂いや悩みを離れ，常に安楽にあることを願い，深く正しい仏法の利益を獲得し，一切の願いを思いのままに成就できるように願いたてまつる。
byaṅ chub spyod pa dag ni bdag spyod cing // ḥgro ba kun tu skye ba dran par gyur // tshe rabs kun tu ḥcḥi ḥpho skye ba na // rtag tu bdag ni

表1　十大願　チベット語訳・漢訳対照表

チベット語訳	漢訳
礼敬諸仏	礼敬諸仏
称讃如来	称讃如来
広修供養	広修供養
懺悔業障	懺悔業障
随喜功徳	随喜功徳
請転法輪	請転法輪
普皆廻向	**請仏住世**
請仏住世	**常随仏学**
常随仏学	**恒順衆生**
恒順衆生	**普皆廻向**

rab tu ḥbyiṅ bar śog /
(我為菩提修行時，一切趣中念本生；諸余生中受生死，願我常得趣出家。)
〈第十五偈〉
［そして］私は，菩提を求めて修行を行なう時，一切の生まれ変わりの中で本生（jātaka　闍多迦）を念じ，今後の生存の中でも，私は，常に出家であることを願いたてまつる。

チベット語（モンゴル語訳）の『聖普賢菩薩行願王経』で説かれる普賢菩薩の十大願に15偈を当てはめると，以上見てきたようになる。

チベット語訳『聖普賢菩薩行願王経』に説かれる十大願の順序と漢訳諸本では異なっている（表1参照）。また，チベット語訳の『Phags pa bzang po spyod pai smon lam gyi rgyal po（聖普賢菩薩行願王）』とモンゴル語訳の『Qotugtu sayin yabudal non irugel non hagan（聖普賢菩薩行願王）』[10] 第十四偈は，この他にも次の経典がある。すなわち，仏陀跋陀羅訳『文殊師利発願経』[11] と不空訳『普賢行願讃』[12]，梵本の『Bhadracari-pranidhāna-rāja（普賢行願王）』[13] は第十五偈になっており，第七願・第八願・第九願・第十願の四願の順序に異同がみられる。

普賢菩薩の十大願に従って修行し，阿弥陀仏を信じ，それにすがって極楽浄土に生まれ，悟りを得ようとする浄土教思想は，上述したように漢訳以外の諸本に見られ，チベット語訳とモンゴル語訳の『普賢王経』の中にも説かれている。

第３節　普賢菩薩行願善説荘厳経による阿弥陀仏信仰

『聖普賢菩薩行願善説荘厳経（*ḥPhags pa baṅ po spyod paḥi smon lam gyi rnam par bśad pa kun tu bzang boḥi dgoṅs pa gsal bar byed paḥi rgyan shes bya ba bshugs so*）』（以下『普賢荘厳経』[14]）は，日本語では「聖なる普賢菩薩の行願を説く荘厳経」といい，チベット『大蔵経』のカンジュール（bKaH hgyur，甘珠爾）の中に収められている。

チベット仏教最大の宗派・ゲルク派を開創した，ツォンカパ（tSoṅ kha pa blo po bzaṅ grags pa，宗喀巴〈善慧称の意味〉，1357–1419）の弟子・シラッスンガ（Śes rab seṅ ge）が，15世紀にチベット自治区の首府ラサでチベット仏教の密教寺院「下密院」（sMad rgyud）を創建したが，この下密院の善知識であるシラッダンダル（Śes rab bstan dar）活仏は仏教興隆と一切衆生を利益するために，内モンゴル最大の活仏であるジャンジャ・ホトクト15世ロルビドルジ（lCang skya Rol paḥi rdo rje，章嘉羅頼畢多爾吉，1716–86）に要請し，この『普賢荘厳経』を著わさせたのである。現在，この経典は中国北京雍和宮に所蔵されている。

普賢菩薩の十大願のありかたについて，台湾仏教出版社の『浄土五経』の一つである『大方広仏華厳経普賢菩薩行願品』をもとにし，またチベット語の『普賢荘厳経』を日本語に訳して示すと，次のようになる。

《普賢菩薩の十大願》

善財白言，大聖，云何礼敬，乃至廻向。

善財童子が大聖普賢菩薩に尋ねた。「どのように礼拝するのか，またどのように廻向するのか」と。

(1) 第一願——礼敬諸仏

普賢菩薩告善財言，善男子，言礼敬諸仏者，所有尽法界虚空界，十方三世一切仏刹極微塵数諸仏世尊，我以普賢行願力故，深心信解，如対目前，悉以清浄身語意業，常修礼敬。

普賢菩薩は善財童子に説かれた。「善財童子よ，一切の諸仏に礼拝するということは，一切の尽法界，一切の尽虚空界の，十方三世の一切の浄土には，無数の諸仏世尊がおわす。私は普賢菩薩の行願力によって，深い信仰と深い智慧を得て，目前に仏を拝しているように，全て清浄の身業，清浄の語業，清浄の意業をもって，常に礼敬を修したてまつる」と。

一一仏所，皆現不可説不可説仏刹極微塵数身。一一身，遍礼不可説不可説仏刹極微塵数仏。虚空界尽我礼乃尽。以虚空界尽故，我此礼敬無有窮尽。如是乃至衆生界尽，衆生業尽，衆生煩悩尽，我礼乃尽。而衆生界乃至煩悩無有尽故，我此礼敬無有窮尽。念念相続，無有間断。身語意業，無有疲厭。

「それぞれの仏がおわす所，すなわち，一切の説くこともできないし言葉で表わすこともできない浄土に，無数の身を現わした。それぞれの身，すなわち，説くこともできないし言葉にならない浄土の，無数の仏たちにあまねく礼拝し，虚空界尽くれば我が礼もすなわち尽きん。虚空界は終わりがないから，私のこの礼拝も尽きることがない。このように，衆生界が尽きるまで，衆生の業が尽きるまで，衆生の煩悩が尽きるまで，私の礼拝は尽きることがない。しかし，衆生界も煩悩も尽きることがないから，私のこの礼拝も尽きることがない。念念相続して，中断することない。身業も，語業も，意業も疲れることも厭うこともない」と。

⑵　第二願――称賛如来

復次，善男子，言称讃如来者，所有尽法界虚空界，十方三世一切刹土，所有極微一一塵中，皆有一切世間極微塵数仏。
「かさねて，善財童子よ。如来を称讃するということは，あらゆる法界，尽虚空界の，十方三世の一切の刹土にある極小なる一塵一塵の中に，皆，一切世間の無数の仏がいる」と。

一一仏所，皆有菩薩海会囲繞。我当悉以甚深勝解現前知見，各以出過弁才天女微妙根，一一舌根，出無尽音声海。一一音声，出一切言辞海。称揚讃歎一切如来諸功徳海。窮未来際，相続不断。尽於法界，無不周遍。如是虚空界尽，衆生界尽，衆生業尽，衆生煩悩尽，我讃乃尽。而虚空界乃至煩悩無有尽故，我此讃歎無有窮尽。念念相続，無有間断。身語意業，無有疲厭。
「それぞれの仏がおわす所に，全て「菩薩海会」，すなわち，菩薩たちの集まりがある。私には，非常に深い智慧をもって目の前に現われる。それぞれは，弁才天女の微妙根をもって現われ，それぞれの舌の根で，尽きることない音声にあふれる。つまり，菩薩たちのあふれる声である。それぞれの音声から言辞海，つまり，菩薩たちのあふれる仏法の教えが述べられる。一切の如来のあらゆる功徳をほめたたえ讃歎し，それがいつまでも，絶えることなく続き，法界に尽きることなくあまねく遍満する。このように，虚空界が尽きるまで，衆生界が尽きるまで，衆生の業が尽きるまで，衆生の煩悩が尽きるまで，私がこのように讃歎することは尽きることがない。更に，虚空界から煩悩まで尽きることがないから，私がこのように讃歎することも尽きることがない。念念相続して，中断することなく，身業も，語業も，意業も疲れることも厭うこともない」と。

⑶ 第三願──広修供養

復次，善男子，言広修供養者，所有尽法界虚空界，十方三世一切仏刹極微塵中，一一各有一切世間極微塵数仏。

「かさねて，善財童子よ，広く供養を修するものに言うことは，あらゆる尽法界，あらゆる尽虚空界の十方三世の一切の仏のおわす所，すなわち浄土の無数の一つ一つの浄土という塵の各々に，一切の世間があり，そこに無数の仏がおわすということである」と。

一一仏所，種種菩薩海会囲繞。我以普賢行願力故，起深信解現前知見，悉以上妙諸供養具，而為供養。

「一つ一つの仏のおわす所に，いろいろの菩薩海会，すなわち，菩薩たちの集まりがある。私は普賢菩薩の行願力によって，深い信解の心を起こし，知見を現わし，いろいろの妙なる供養物をもって，供養したてまつる」と。

所謂華雲鬘雲，天傘蓋雲，天衣服雲，天種種香，塗香焼香末香，如是等雲，一一量如須弥山王。種種灯，酥灯油灯，諸香油灯，一一灯炷如須弥山，一一灯油如大海水。以如是等諸供養具，常為供養。

「いわゆる美しい雲のような妙なる花，いわゆる雲のような妙なる鬘，いわゆる雲のような天の傘蓋，いわゆる雲のような美しい天人の衣服，いわゆる天のいろいろな香，例えば，塗香，焼香，末香，このように供養は雲のようであり，一つ一つの量は須弥山王のようである。いろいろな灯，いろいろな酥灯，いろいろな油灯，いろいろな香油灯，一つ一つの灯炷は，須弥山のようであり，一つ一つの灯油は大海の水のようである。このようないろいろな供養物を捧げて，常に供養たてまつる」と。

善男子，諸供養中，法供養最。所謂如説修行供養，利益衆生供養，摂受衆生供養，代衆生苦供養，勧修善根供養，不捨菩薩業供養，不離菩提心供養。

「善財童子よ。いろいろな供養の中では，法の供養が最高である。それは，教えのままに修行し説き供養することであり，衆生を利益する供養であり，衆生を受けとめる供養であり，衆生の苦しみを代りに引き受ける供養であり，善い果報をもたらすようにつとめる供養であり，菩薩の業を捨てなくて供養し，菩提心を離れなくてする供養である」と。

善男子，如前供養無量功徳，比法供養一念功徳，百分不及一，千分不及一，倶胝那由他分，迦羅分，算分，数分，喩分，優波尼沙陀分，亦不及一。何以故，諸如来尊重法故。
「善財童子よ。いま，説いたように，供養することは無量の功徳である。法の供養と比べると，一念の功徳は百分の一にも及ばない，千分の一にも及ばない，倶胝那由他分の一にも，迦羅分の一にも，算分の一にも，数分の一にも，喩分の一にも，優波尼沙陀分の一にも，また一にも及ばない。なぜならば，もろもろの如来は，法を尊重しているからである」と。

以如是説行，出生諸仏故。若諸菩薩行法供養，則得成就供養如来。如是修行，是真供養故。
「説かれたように修行すことによって，一切の仏を生み出すからである。若し一切の菩薩が法の供養を修行すれば，そのままで，如来を供養することが成就する。このような修行ができれば，真の供養となるからである」と。

此広大最勝供養，虚空界尽，衆生界尽，衆生業尽，衆生煩悩尽，我供乃尽。而虚空界乃至煩悩不可尽故，我此供養亦無有尽。念念相続，無有間断。身語意業，無有疲厭。
「この広大で最も勝れた供養は，虚空界が尽きるまで，衆生界が尽きるまで，衆生の業が尽きるまで，衆生の煩悩が尽きるまで，私の供養は尽きることがない。更に，虚空界から煩悩まで尽きることないから，私のこの供養も決し

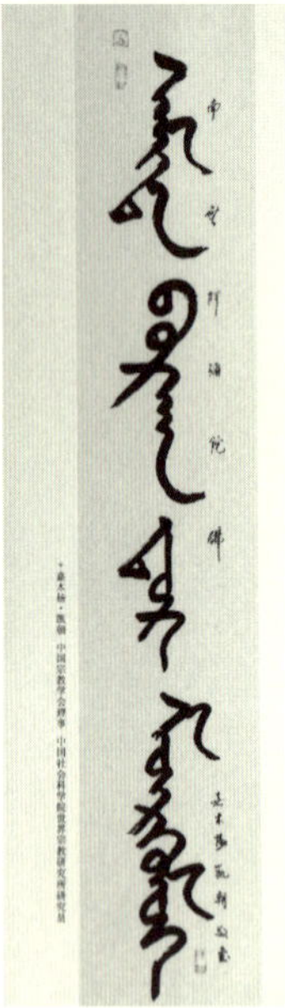

モンゴル語阿弥陀佛

て尽きることがない。念念相続して，中断することなく，身業も，語業も，意業も疲れることも厭とうこともない」と。

⑷　第四願——懺悔業障

復次，善男子，言懺悔業障者，菩薩自念我於過去無始劫中，由貪瞋痴，発身口意，作諸悪業，無量無辺。若此悪業有体相者，尽虚空界不能容受。

「かさねて，善財童子よ。業障を懺悔するというのは，菩薩が自ら念じたまうに，私は終わりもない始まりもない過去に，貪・瞋・痴によって，身業と，口業と意業を起こし，いろいろな悪業を積み重ねたことは，量り知れない。若し，この悪業に形があれば，虚空界が尽きても受け入れることはできない」と。

我今悉以清浄三業，遍於法界極微塵刹，一切諸仏菩薩衆前，誠心懺悔，後不復造，恒住浄戒一切功徳。
「今，私は，悉く清浄なる全ての身・口・意の三業をもって，法界の無数の浄土に遍満し，一切の諸仏や菩薩たちの前に心をこめて懺悔し，再び悪業を造らず，常に浄戒の一切功徳の中に住することを誓う」と。

如是虚空界尽，衆生界尽，衆生業尽，衆生煩悩尽，我懺乃尽。而虚空界乃至衆生煩悩不可尽故，我此懺悔無有窮尽。念念相続，無有間断。身語意業，無有疲厭。
「このように，虚空界が尽きるまで，衆生界が尽きるまで，衆生の業が尽きるまで，衆生の煩悩が尽きるまで，私のこの懺悔は決して尽きることがない。更に，虚空界から衆生に至るまで，煩悩は決して尽きることがないから，私のこの懺悔も決して尽きることがない。念念相続して，中断することなく，身業も，語業も，意業も疲れることも厭うこともない」と。

⑸　第五願――随喜功徳

復次，善男子，言随喜功徳者，所有尽法界虚空界，十方三世一切仏刹極微塵数諸仏如来。
「かさねて，善財童子よ。功徳を随喜するということは，ありとあらゆる法界，虚空界の十方三世の一切の仏の刹土に，極微塵の数ほどの諸仏や如来がおわす」と。

従初発心，為一切智，勤修福聚，不惜身命，経不可説不可説仏刹極微塵数劫。
「発菩提心から一切智を得るまで，福徳を積み重ねよ。身命を惜んではならない。［衆生済度のためには，身命を懸け，］言葉で表現することができないほど，無数の年代を経よ」と。

一一劫中，捨不可説不可説仏刹極微塵数頭目手足。一切難行苦行，円満種種波羅蜜門，証入種種菩薩智地，成就諸仏無上菩提，及般涅槃，分布舎利，所有善根，我皆随喜。
「一つ一つの年代の中に，言葉で表現することができないほど，無数の頭・目・手・足を喜捨する。あらゆる，難行・苦行をし，いろいろな波羅蜜門を完成し，いろいろな菩薩の智慧を悟り，諸仏の無上の菩提を成就し，そして，涅槃の彼岸に入り，舎利を分配し，あらゆる善根を私はことごとく随喜したてまつる」と。

及彼十方三世一切世界六趣四生一切種類，所有功徳乃至一塵，我皆随喜。
「そして，かの十方三世の一切世界の地獄・餓鬼・畜生・修羅・人間・天上という六趣や，胎生・卵生・湿生・化生という四生，一切の種類のあらゆる功徳から，一つの塵のような小さな功徳に至るまで，私は全てに随喜したてまつる」と。

及彼十方三世一切声聞，及辟支仏，有学無学，所有功徳，我皆随喜。
「そして，かの十方三世の一切の声聞や，辟支仏や，有学や，無学のあらゆる修行者の功徳に，私は全てに随喜したてまつる」と。

一切菩薩所修無量難行苦行，志求無上正等菩提，広大功徳，我皆随喜。
「一切の菩薩たちが修行した，量りしれない難行と苦行と，無上の正等菩提を求める心は，広大な功徳であり，私は全てに随喜したてまつる」と。

如是虚空界尽，衆生界尽，衆生業尽，衆生煩悩尽，我此随喜無有窮尽。念念相続，無有間断。身語意業，無有疲厭。
「このように，虚空界が尽きるまで，衆生界が尽きるまで，衆生の業が尽きるまで，衆生の煩悩が尽きるまで，私の随喜は尽きることがない。念念相続して，中断することなく，身業も，語業も，意業も疲れることも厭うこともない」と。

(6)　第六願――請転法輪

復次，善男子，言請転法輪者，所有尽法界虚空界，十方三世一切仏刹極微塵中，一一各有不可説不可説仏刹極微塵数広大仏刹。
「かさねて，善財童子よ。仏の教えを請うということは，ありとあらゆる法界，虚空界の十方三世の一切における，浄土の，極めて多くの塵の中の，一つ一つ塵の，説くことができないし言葉で表現することができないほど，浄土は広大なのである」と。

一一刹中，念念有不可説不可説仏刹極微塵数一切諸仏成正等覚，一切菩薩海会囲繞。而我悉以身口意業種種方便，殷勤勧請妙転法輪。
「一つ一つの刹土の中には，一瞬一瞬の間に説くことができない言葉で表現することができない極微塵ほどの多くの数にのぼる一切の諸仏が正等覚を得られ，それをめぐる菩薩たちの集まりである一切の菩薩海会がある。しかも，私は全て身業・口業・意業のいろいろの方便をもって，丁寧に，ねんごろにすぐれた仏の教えを説かれるようお願いしたてまつる」と。

如是虚空界尽，衆生界尽，衆生業尽，衆生煩悩尽，我常勧請一切諸仏転正法輪，無有窮尽。念念相続，無有間断。身語意業，無有疲厭。
「このように，虚空界が尽きるまで，衆生界が尽きるまで，衆生の業が尽きるまで，衆生の煩悩が尽きるまで，私が常に一切の諸仏に正しい仏法を教えたまうようにお願いすることは，尽きることがない。念念相続して，中断することなく，身業も，語業も，意業も疲れることも厭うこともない」と。

⑺ 第七願——請仏住世

復次，善男子，言請仏住世者，所有尽法界虚空界，十方三世一切仏刹極微塵数諸仏如来，将示般涅槃者。

「かさねて，善財童子よ。仏たちにこの世に住するように願いたてまつるのは，ありとあらゆる法界，虚空界の十方三世の一切における浄土の塵の数ほどの無数の諸仏や如来が，間もなく般涅槃に入ろうとするからである」と。

及諸菩薩声聞縁覚有学無学，乃至一切諸善知識，我悉勧請莫入涅槃。経於一切仏刹極微塵数劫，為欲利楽一切衆生。

「そして，諸々の菩薩・声聞・縁覚・有学・無学から，一切のさまざまな善知識たちに至るまで，私は全て涅槃に入らないように願いたてまつる。それは，一切の浄土において，無数の塵の数のような無限の年代を経るまで，一切の衆生を利益し安楽にしたいと願うからである」と。

如是虚空界尽，衆生界尽，衆生業尽，衆生煩悩尽，我此勧請無有窮尽。念念相続，無有間断。身語意業，無有疲厭。

「このように，虚空界が尽き，衆生界が尽き，衆生の業が尽き，衆生の煩悩が尽きるまで，私のこの願いは，尽きることがない。念念相続して，中断することなく，身業も，語業も，意業も疲れ厭うことがない」と。

⑻ 第八願——常随仏学

復次，善男子，言常随仏学者，如此娑婆世界毘盧遮那如来，従初発心，精進不退，以不可説不可説身命而為布施。剝皮為紙，折骨為筆，刺血為墨，書寫経典，積如須弥，為重法故。不惜身命，何况王位，城邑聚落，宮殿園林，一切所有，及余種種難行苦行。

「かさねて，善財童子よ。常に仏に従って修学することは，［苦悩を耐え忍ばなければならない］この娑婆世界で，毘盧遮那如来が，菩提心を起こして以来，精進して退くことがなく，説くことも，言葉で表現することもできないほど，身体や生命を布施したことである。自分の皮膚を剝いて紙にし，自分の骨を折って筆にし，身体を刺してその血を墨にし，書き写された経典は須弥山のように積み上げられたのは，仏法を尊重しているからである。菩薩は，自分の身命を惜しまない，まして王位や，城邑も，都会も，村も，宮殿園林などもすべて，その余の難行も苦行も捨てて布施したまもうた」と。

乃至樹下成大菩提，種種神通，起種種変化，現種種仏身，処種種衆会，或処一切諸大菩薩衆会道場，或処声聞及辟支仏衆会道場，或処転輪聖王小王眷属衆会道場，或処刹利婆羅門長者居士衆会道場，乃至或処天龍八部人非人等衆会道場。処於如是種種衆会，円満音，如大雷震，随其楽欲，成熟衆生，乃至示現入於涅槃，如是一切我皆随学。
「あるいは，菩提樹の下で大菩提を成就し，［仏になられ，］いろいろな神通力を現わし，いろいろな変化を現わし，いろいろな仏の化身を現わし，いろいろな僧侶の集まりに身に置き，あるいは，一切の諸々の大菩薩の修行道場において，あるいは，声聞や辟支仏の修行道場において，あるいは，転輪聖王や小王の眷属の修行道場において，あるいは，クシャトリアやバラモンの出家者や在家の信者の修行道場に身をおいて，あるいは，天龍を始めとする八部衆や人にあらざるものなどの修行道場においてである。このようないろいろな修行道場におり，悟りの円満の音声は，大きな雷が天地を揺がすようである。それに従って願い求めるところに随い，衆生を成熟の域に到達させ，あるいは，すがたを現わして涅槃に入られた。こうしたことを私は全て従って修行したてまつる」と。

如今世尊毘盧遮那，如是尽法界虚空界，十方三世一切仏刹，所有塵中一切如来，皆亦如是，於念念中，我皆随学。
「今のように，世尊，毘盧遮那如来は，このような尽法界，尽虚空界の十方三世の一切の仏の世界，存在する無数の塵の如きものに，一切の如来がおわす。全てがこのようである。一瞬一瞬の間，私は全てそれに従って修行したてまつる」と。

如是虚空界尽，衆生界尽，衆生業尽，衆生煩悩尽，我此随学無有窮尽。念念相続，無有間断。身語意業，無有疲厭。
「このように，虚空界が尽きるまで，衆生界が尽きるまで，衆生の業が尽きるまで，衆生の煩悩が尽きるまで，私のこの修行は尽きることがない。念念相続して，中断することなく，身業も，語業も，意業も疲れ厭うこともない」と。

(9) 第九願――恒順衆生

復次，善男子，言恒順衆生者，謂尽法界虚空界，十方刹海所有衆生，種種差別。所謂卵生胎生湿生化生，或有依於地水火風而生住者，或有依空及諸卉木而生住者，種々生類，種種色身，種種形状，種種相貌，種種寿量，種種族類，種種名号，種種心性，種種知見，種種楽欲，種種意行，種種威儀，種種衣服，種種飲食，処於種種村営聚落城邑宮殿。乃至一切天龍八部人非人等。
「かさねて，善財童子よ。常に衆生に従うということは，尽法界，尽虚空界の十方の無数の世界の衆生たちには，いろいろな違いがあることである。いわゆる卵生・胎生・湿生・化生であり，あるいは，地・水・火・風によって生じて住しているものもある。あるいは，空気やいろいろな草木によって生じて住しているものもある。いろいろな生きものがいる。いろいろな肉体がある。いろいろな形状がある。いろいろな容貌がある。いろいろな寿命の長さがある。いろいろな種族がある。いろいろな名前がある。いろいろな性質がある。いろいろな考え方がある。いろいろな楽しみがある。いろいろな心の本性がある。いろいろな威儀がある。いろいろな衣服がある。いろいろな飲み物や食べ物がある。いろいろな村や町や都市や宮殿がある。あるいは，一切の天龍を始めとする八部衆の神々や人にあらざるものがいる」と。

無足二足四足多足，有色無色，有想無想，非有想非無想，如是等類，我皆於彼随順而転。種種承事，種種供養。如敬父母，如奉師長，及阿羅漢，乃至如来，等無有異。於諸病苦，為作良医。於失道者，示其正路。於闇夜中，為作光明。於貧窮者，令得伏蔵。
「足がないもの，足が二本あるもの，足が四本あるもの，足がたくさんあるものがいる。いろや形があるもの，いろや形がないものがある。思うことができるものと，思うことができないものがある。考えようとするものと，考えようとしないものがいる。このような種類のものがある。私は全て彼らに合わせて修行する。種々の命を受けて仕え，供養をなし，父や母を尊敬するように，師匠を敬い仕えるように，また阿羅漢から如来までこれと異なることはない。病の苦しみに際しては，これを癒す良医となる。道に背いている者には，正しい道を教え，暗い夜に，闇を照らす光となり。極貧の者には，秘かなたくわえを得させる」と。

菩薩如是平等饒益一切衆生。何以故，菩薩若随順衆生，則為随順供養諸仏。若於衆生尊重承事則為尊重承事如来。若令衆生生歓喜者，則令一切如来歓喜。何以故，諸仏如来，以大悲心而為体故。因於衆生而起大悲因於大悲生菩提心成等正覚。
「菩薩たちは，このように一切の衆生を全て平等に利益する。なぜならば，若し菩薩たちが一切の衆生に従って行ずれば，諸仏に随順して供養することができる。若し衆生を尊重すれば，すなわち，如来を尊重しこれに仕えることになる。若し，一切の衆生を歓喜させることができれば，一切の如来を歓喜させることができる。なぜならば，諸仏と如来は，大悲心を本質とするからである。衆生によって大悲心を起こし，大悲心によって，菩提心を生じ完璧な悟りに至る」と。

如曠野沙磧之中，有大樹王，若根得水，枝葉華果，悉皆繁茂。生死曠野，菩提樹王，亦復如是。一切衆生而為樹根，諸仏菩薩而為華果。以大悲水饒益衆生，則能成就諸仏菩薩智慧華果。何以故，若諸仏菩薩以大悲水饒益衆生，則能成就阿耨多羅三藐三菩提故。

「例えば，広々とした原野と砂漠の中に，大きな樹の王がいる。若し，樹の根が水を得れば，樹の枝も，葉も，花も，果実も，皆全て盛んに茂ることができる。生死を繰り返す広大な原野の菩提樹の王も，これと同じである。一切の衆生は樹の根であり，諸仏や菩薩は花や実である。大悲の水をもって［一切の］衆生を利益すれば，すなわち，諸仏や菩薩の智慧の花や実を成就することができる。なぜならば，若し，諸仏や菩薩が，大悲の水をもって，［一切の］衆生を利益すれば，すなわち，阿耨多羅三藐三菩提（anuttarā samyak-sambodhiḥ）つまり，完全な悟りを成就することができるからである」と。

是故菩提属於衆生。若無衆生，一切菩薩終不能成無上正覚。善男子，汝於此義，応如是解。以於衆生心平等故，則能成就円満大悲。以大悲心随衆生故，則能成就供養如来。菩薩如是随順衆生，虚空界尽，衆生界尽，衆生業尽，衆生煩悩尽，我此随学無有窮尽。念念相続，無有間断。身語意業，無有疲厭。

「そのゆえに，菩提は衆生に属する。若し，［一切の］衆生がいなければ，一切の菩薩は，完全な悟りである無上正覚を成就することができない。善男子よ。お前はこの意味を，このように理解するべきである。一切の衆生の心は平等であるので，すなわち，円満の大悲心を成就することができる。大悲心をもって，衆生の心に合わせているので，すなわち，如来を供養することが成就できるのである。菩薩は，このように衆生の心に合わせているので，虚空界が尽き，衆生界が尽き，衆生の業が尽き，衆生の煩悩が尽きるまで，したがって私は学び窮まり尽きることがない。念念相続して，中断することなく，身業も，語業も，意業も疲れ厭うこともない」と。

⑽　第十願――普皆廻向

復次，善男子，言普皆廻向者，従初礼拝，乃至随順，所有功徳，皆悉廻向尽法界虚空界一切衆生。願令衆生得安楽，無諸病苦。欲行悪法，皆悉不成。所修善業，皆速成就。関閉一切諸悪趣門，開示人天涅槃正路。

「かさねて，善財童子よ。あまねく全てを廻向するということは，最初の礼拝から随順に至るまで，あらゆる功徳を皆全て，尽法界や尽虚空界の一切の衆生に廻向することである。一切の衆生に安楽を得させるように願いたてまつり，あらゆる病や苦しみをなくさせるように願いたてまつり，悪いことをしようと思っても皆全てさせないように願いたてまつる。善業を修行すれば皆速やかに成就させるように願いたてまつり，輪廻転生の三悪趣門に入る一切の悪いことを禁じ，人天の涅槃を成就する正しい道である八聖道などを開示させるように願いたてまつる」と。

若諸衆生，因其積集諸悪業故，所感一切極重苦果，我皆代受。令彼衆生，悉得解脱，究竟成就無上菩提。菩薩如是所廻向，虚空界尽，衆生界尽，衆生業尽，衆生煩悩尽，我此廻向無有窮尽。念念相続，無有間断。身語意業，無有疲厭。

「若し一切の衆生が，いろいろな悪い業を集めていて，一切の極めて苦しい苦果を感じているのならば，私は，全ての衆生に代わって受け入れる。かの衆生たちに全て解脱を得せしめ，完全な無上菩提の悟りを成就せしめる。菩薩たちは，このように廻向し，虚空界が尽き，衆生界が尽き，衆生の業が尽き，衆生の煩悩が尽きるまで，私のこの廻向は尽きるこがない。念念相続して，中断することなく，身業も，語業も，意業も疲れ厭うこともない」と。

⑾　十大願の功徳

善男子，是為菩薩摩訶薩十種大願，具足円満。若諸菩薩於此大願，随順趣入，則能成熟一切衆生，則能随順阿耨多羅三藐三菩提，則能成満普賢菩薩諸行願海。

「善財童子よ。だから，菩薩摩訶薩は，［普賢菩薩の］十大願を具足し，円満に成就する。若し，菩薩が，この大願に従って悟りの世界に趣き入ろうとすれば，すなわち，一切の衆生を成熟し，利益することができる。よく阿耨多羅三藐三菩提に随順すれば，すなわち，普賢菩薩のもろもろの願いを完全に円満に成就することができる」と。

是故善男子，汝於此義，応如是知。若有善男子善女人，以満十方無量無辺不可説不可説仏刹極微塵数一切世界上妙七宝，及諸人天最勝安楽，布施爾所一切世界所有衆生，供養爾所一切世界諸仏菩薩，経爾所仏刹極微塵数劫，相続不断，所得功徳。

「だから，善財童子よ。お前はこの意味を，このように理解するべきである。良家の男子や，良家の女子が，十方の世界，言葉で表現することができないほどの仏刹，無数の塵のような一切の世界を，美しい七宝で満たし，いろいろな人間界や天上界を最も勝れた安楽で満たし，この一切の世界のあらゆる衆生に供養し，一切の世界のあらゆる仏や菩薩を供養すれば，この仏土が無数の塵のように長い年月を経ても，念念相続して，中断することがない」と。

若復有人，聞此願王，一経於耳，所有功徳，百分不及一，千分不及一乃至優波尼沙陀分，亦不及一。或復有人，以深信心，於此大願受持読誦，乃至書寫一四句偈，速能除滅五無間業。

「若し，またある人が，この普賢菩薩の大願を聞いて，一度でも耳に残れば，その功徳は百分の一どころではなく，千分の一どころか，乃至は優波尼沙陀分の一どころでもないし，また一にも及ばない。またある人が，深い信心によって，この普賢菩薩の大願を受持し読誦するかあるいは，一句でも四句でも偈を書き写せば，速やかに五つの無間地獄に堕ちる業を除き滅することができる」と。

所有世間身心等病，種種苦悩，乃至仏刹極微塵数一切悪業，皆得消除。一切魔軍，夜叉羅刹，若鳩槃荼，若毘舎闍，若部多等，飲血啗肉，諸悪鬼神，皆悉遠離。或時発心親近守護。

「あらゆる世間の肉体の病気や心の病気などや，いろいろな苦しみや悩みや，あるいはまた仏刹や，塵のように無数の一切の悪い煩悩も，全て取り除くことができない。一切の魔軍，すなわち，夜叉・羅刹・若鳩槃荼・若毘舎闍・若部多などや，［血を飲み，肉を食らう］あらゆる悪い鬼神などは，皆遠くに離れて近づかない。あるときに菩提心を発して，仏法に親しみ近づき守護するようになる」と。

是故若人，誦此願者，行於世間，無有障碍。如空中月，出於雲翳。諸仏菩薩之所称讃，一切人天，皆応礼敬，一切衆生悉応供養。此善男子，善得人身，円満普賢所有功徳。

「だから若し，だれでも，この普賢菩薩の大願を読誦し世間で行ずれば，妨げるものはない。例えば，空にかかる月が，雲の陰から現われ出るようなものである。これは，諸仏や菩薩が称賛するところである。一切の人間と天人が，皆礼敬するところである。一切の衆生は全て供養するべきである。この供養する良家の男子は，善く人間の体を得て，普賢菩薩が具えておられるあらゆる功徳を円満する」と。

不久当如普賢菩薩，速得成就微妙色身，具三十二大丈夫相。若生人天，所在之処，常居勝族。悉能破壊一切悪趣，悉能遠離一切悪友，悉能制伏一切外道，悉能解脱一切煩悩。如獅子王，摧伏群獣。堪受一切衆生供養。

「やがて，普賢菩薩のように悟りを完成し，速やかに微妙な肉体を得，仏の三十二の相[15]を具える。若し，人間界や天上界に生れれば，いるところがどこであっても，常に勝れた民族が住し，一切の苦しみが生ずる状態を打ち破ることができ，一切の悪友から遠く離れ，一切の外道を打ち負かし，一切の煩悩から解脱することができ，獅子の王のように，あらゆる獣を打ち負かすことができ，一切衆生の供養を受けることができる」と。

又復是人臨命終時，最後刹那，一切諸根悉皆散壊，一切親属悉皆捨離，一切威勢悉皆退失。輔相大臣，宮城内外，象馬乗，珍宝伏蔵，如是一切無復相随。唯此願王，不相捨離，於一切時，引導其前。

「また，ある人が，命が終わろうとする時，最後の瞬間には，［眼・耳・鼻・舌・身・意の］一切の感覚器官が壊れ散じてしまい，一切の肉親や親戚は捨て離れ，一切のエネルギーは全てなくなってしまう。総理大臣も，大臣も，宮殿や都も，象や馬や乗り物も，珍しい宝や地中に秘め隠された財宝も，このような一切のもので，死者に随っていくものは何もない。ただ，この普賢菩薩の大願だけは，捨てたり離れたりしなければ，どのような時でも，菩薩の前に導き入れてくれる」と。

一刹那中，即得往生極楽世界。到已，即見阿弥陀仏，文殊師利菩薩，普賢菩薩，観自在菩薩，弥勒菩薩等。此諸菩薩色相端厳，功徳具足，所共囲繞。其人自見生蓮華中，蒙仏授記。得授記已，経於無数百千万億那由他劫，普於十方不可説不可説世界，以智慧力，随衆生心而為利益。

「極めて短い刹那の中で，阿弥陀仏の極楽世界に往生することができる。［極楽世界に］生れ終わったのち，すぐさま阿弥陀仏，文殊師利菩薩，普賢菩薩，観自在菩薩，弥勒菩薩などにまみえる。この諸菩薩のすがた形は，端然厳然とし，あらゆる功徳を具え，共に囲繞するところで，その人自身が自ら蓮華の中に生れることを見，仏から授記される。授記を得終わったのち，無数の百・千・万・億・那由他を数える長い年代を経て，十方の言葉で表現できないほどの世界に普く，智慧の力によって一切の衆生の心に合わせて利益する」と。

不久当坐菩提道場，降伏魔軍，成等正覚，転妙法輪。能令仏刹極微塵数世界衆生，発菩提心。随其根性，教化成熟，乃至尽於未来劫海広能利益一切衆生。善男子，彼諸衆生，若信此大願王，受持読誦，広為人説。所有功徳，除仏世尊，余無知者。是故汝等聞此願王，莫生疑念，応当諦受。已能読，読已能誦，誦已能持，乃至書寫，為人説。是諸人等，於一念中，所有行願，皆得成就。所獲福聚，無量無辺。能於煩悩大苦海中，抜済衆生，令其出離，皆得往生阿弥陀仏極楽世界。

「やがて，菩提道場（bodhi-manda）[16] の上に坐って，魔軍たちを降伏して，完全な悟りを成就し，すぐれた真理の教えを説かれた。無数の仏土の世界の衆生に，菩提心を生じさせ，その衆生の能力や性質に合わせて，それぞれに悟りの道を教え，あるいは，未来の無数の年代が尽きるまで，広く一切の衆生を利益することができた。善男子よ，彼ら一切の衆生は，若し，この普賢菩薩の大願を信じ，受け保ち，読誦し，多くの衆生に説くならば，その功徳は，世尊である仏陀を除いて，ほかに知る者がない。だから，お前たちがこの最高の願いを聞いたら，疑いをもってはいけない。ただそのままに受け入れるべきである。よく読み，受持すれば，誦することができる。誦すれば，身に保つことができる。受持することができれば，あるいは書写して，大勢の人々に説くことができる。この人々は，一念のうちに修行している願いが全て成就する。得られた福徳は全て，量り知れないものであり，限りのないものである。海のように広大な苦しみや煩悩の中から一切の衆生を助け出し，苦しみから離れさせ，一切の衆生を阿弥陀仏の極楽世界に生まれさせる」と。

以上は，善財童子が普賢菩薩に，普賢菩薩の十大願による修行のありようを尋ねている部分にあたる[17]。

普賢菩薩は自分が十大願に基づいて修行し，悟りに至った修行実践のありようを善財童子に詳しく示し，なぜ十大願を修行しなければならないか，修行による利益の功徳はどの程度であるかを説いているのである。

極楽世界図

第4節　結　語

チベット語の『普賢王経』と『普賢荘厳経』，および『大方広仏華厳経普賢菩薩行願品』の3つの経典に記載されている普賢菩薩の十大願による阿弥陀仏に関する記述を取り上げて，モンゴル仏教における阿弥陀仏信仰を追究してきた。

『華厳経』の最後の一会は「入法界品」である。「入法界品」でいう法界とは普遍なる真理の世界であり，大日如来（Vairocana，毘盧舎那仏）の境地をいう。大日如来の真理の世界に入るのが入法界の意味である。法界に入るには普賢菩薩の行願によらなければならない。普賢菩薩を主人公とし，智慧の文殊菩薩をもって客人とし，この両者の間にあって実際に活躍する求道の代表者として善財童子が登場する。こうして，普賢菩薩は自分が十大願に基づいて修行し，悟りに至った修行実践のありようを善財童子に詳しく説き示し，そして，なぜ十大願を修行しなければならないのか，修行による利益の功徳はどの程度であるかを説き示すのである。[18)]

このような利益の功徳を説く普賢菩薩の十大願による阿弥陀仏信仰に関する『普賢王経』は，モンゴル仏教ではすべての寺院において朝のお勤めで読誦されている。モンゴル仏教の僧侶にとっては，この経典を暗記して毎日唱え続け，一生涯絶えないことが，成仏に向かう大切な修行法とされる。モンゴル仏教の僧侶は昔から，毎日朝晩，寺院や仏殿，仏塔を巡礼することを日課としている。仏殿や仏塔の外を巡り，巡り終わって五体投地をしたり，寺院の外巡りをし終わって五体投地をしたりする。また，僧侶によっては，巡礼の始めから終わりまで五体投地する者もいる。

このように『普賢王経』を唱えながら巡礼をすることが大きな修行の一つとされる。そして，毎日絶えることなく修行を続け積んでいけば，臨終の際に間違いなく阿弥陀仏の極楽世界に往生できると信じられているのである。

また，一般の人のなかでも，仏教の聖地，たとえば山西省の五台山や青海省の塔爾寺などまで，はるばると五体投地を繰り返しながら長期間にわたって巡礼したり，五台山や塔爾寺などまで歩いて行って，現地で五体投地を繰り返して巡礼したりする者もいる。

このようにモンゴル仏教において僧俗が五体投地の礼拝を繰り返すのは，無限の塵のようにこの大地や虚空にいる諸仏・諸菩薩に対して礼拝することであり，それは普賢菩薩の十大願で説く修行に由来にするものであると考えられる。

衆生はだれでも普賢菩薩の十大願の教えに従って修行すれば，今世で，人間界と天上界の最高の「幸福安康」を得ることができるのである。来世については，阿弥陀仏の極楽世界への往生が保証されている。この普賢菩薩の十大願によって修行すれば，上は悟りを開くことができ，下は一切の衆生を教化することができることが明らかにされているのである。

註

1） 李翎「蔵伝仏教阿弥陀陀像的研究」（中国仏教協会『法音』2004年第8期）20～24頁によれば，「若祈求智慧，則皈依无量光仏；若祈求延寿福楽，則皈依无量寿仏。（もし智慧を求めなられば，すなわち無量光仏に帰依する。もし延寿と幸福を祈求すれば，則ち無量寿仏に帰依する）」と考えている。

2） 『阿弥陀仏潅頂』（中国北京雍和宮所蔵）チベット語，『頌詞彙編』（中国青海民族出版社，1989年）181～190頁に掲載の『聖普賢菩薩行願王経』。

3） 前田惠學『仏教要説――インドと中国』（山喜房仏書林，1968年）67～68頁参照。

4） 胡雪峰・嘉木揚凱朝編訳『蔵漢蒙仏教日誦』（中国民族出版社，2000年）224～257頁に掲載の『往生極楽浄土願』参照。

5） ジャンジャ・ホトクト15世ロルビドルジェ『聖普賢菩薩行願善説荘厳経』，北京雍和宮所蔵。

6） 『浄土五経』全1冊（台湾仏教出版社）62～74頁。

浄土宗は，中国の仏教十三宗の一つである。中国の浄土宗は，念仏修行を内因として，阿弥陀仏の願力を外縁にして阿弥陀仏の名号を念じて，念仏によって西方浄土，すなわち極楽世界に往生できるというものである。だから，浄土宗といわれる。

また前掲註3前田『仏教要説』106～107頁によれば，もともと中国には，天神や死後の世界に対する素朴な信仰があったが，死の問題について深く考えた思想体系はなかった。仏教は精神の不滅を説く教えとして中国人に受容され，人間の死後，生前における善悪の業の果報を受けて輪廻転生する，すなわち生まれ変わることができるという思想が，極めて大きな影響を人々の心に与えた。それだけにまた，因果応報と六道輪廻を超越した浄土思想が，深く信じられることとなったと考えられている。

7） 前掲註2『頌詞彙編』128～136頁に掲載の『聖普賢菩薩行願王経』参照。

8） 詳細は，拙稿「チベットとモンゴル仏教における活仏の由来」（『同朋大学仏教文化研究所紀要』21，2001年）19～49頁参照。また丹迴冉納班雑・李徳成『名刹双黄寺　清代達頼和班禅在京駐錫地』（中国宗教文化出版社，1997年）42～43頁参照。

ちなみに1645年，モンゴルのグシ・ハーン（Gu si Han，固始汗，1582-1654，本名はTho rol pavi hu，図魯拜琥）が，チベット全土を征服した。グシ・ハーンは，当時のチベット仏教のゲルク派の代表者であり，グシ・ハーンに協力を惜しまなかったロサン　チョジ　ゲルツェン・ラマ（bLo bzang chos kyi rgyal mtshan，羅桑却吉堅讃，1567-1662）に，「班禅博克多」（Pan chen bogda）の聖号を贈った。康煕52年（1713）康熙帝は，パンチェン・ラマ５世（1663-1737）に「班禅額爾徳尼」の聖号と「敕封班禅額爾徳尼之印」の金冊，金印を贈った。「額爾徳尼」は満洲語であり，「宝貝」（erdeni）を意味する。これが，清朝政府から正式にパンチェン・ラマを冊封した始まりであった。

9）　前掲註４『蔵漢蒙仏教日誦』323～367頁。

10）　前掲註９『蔵漢蒙仏教日誦』323～367頁。

11）　仏陀跋陀羅訳『文殊師利発願経』（『大正新修大蔵経』10，878c-879c）。

12）　不空訳『普賢行願讃』（『大正新修大蔵経』10，880c-881c）。

13）　香川孝雄『浄土教の成立史的研究』（山喜房仏書林，1993年）483～484頁によれば，『文殊師利発願経』のみ，偈の順序が異なるが，内容はほぼ同じである。そして，梵本には，いくつかの系統があったと考えられるが，南伝系と見られる慈雲本を底本とし，京都大学梵語学梵文学研究室所蔵の３本を校合して校訂された足利本は，他のネパール所伝本と比べると偈の順序に違いがあるとされる。

14）『浄土五経』62～74頁。

15）　中村元『仏教語大辞典』（東京書籍，1994年）472頁によれば，三十二大人相ともいう。偉大な人間のもつ三十二の瑞相であり，偉人の具える三十二のすぐれた身体的特徴である。その一つひとつについては経典ごとにかなりの異説がある。

16）　拙稿「阿弥陀仏の信仰――中国・日本・チベットと蒙古のナンワンタヤェ信仰の比較研究」（愛知学院大学大学院文学研究科に提出した修士論文，1997年）191～222頁参照。

17）　前掲註16，191～222頁参照。

18）　前掲註３『仏教要説』67～68頁参照。

補註

モンゴル地域における浄土思想は，一般の浄土思想と異なった特徴がいくつかある。たとえば，極楽浄土には，主に阿弥陀仏の本願によって往生するとみるのが一般的であるが，モンゴル地域では，阿弥陀仏だけではなく，観世音菩薩，普賢菩薩，ターラ菩薩の修行法によって極楽浄土に往生できると信じられている。また，モンゴルで用いられている『阿弥陀経灌頂』『往生極楽浄土願』『普賢菩薩行願王経』『聖無量寿命と智慧者と名付ける大乗経』『兜率天上師瑜伽法』などには，修行儀式によって極楽往生するという記載があり，観世音菩薩のオン・マ・ニ・パド・メ・フン（唵嘛呢叭咪吽）を念誦して修行すれば，同じく極楽往生できると考えられている。

第2章

モンゴル語訳『聖阿弥陀仏の大乗経』について

第1節　序　言

『阿弥陀経』に関する研究は日本において詳細に行われている。たとえば，南条文雄・矢吹慶輝・荻原雲来・河口慧海・寺本婉雅・藤田宏達などの研究がある[1)]。最近の研究としては同朋大学の畝部俊英氏の「『阿弥陀経』依報段試解」がある。これによれば，『阿弥陀経』のサンスクリット語・漢訳・チベット語訳，さらにパーリ語訳に至るまで，『阿弥陀経』に関係する経典は90種近くを数えるという[2)]。しかしながら，モンゴル語訳『阿弥陀経』については，今日まで研究されておらず，皆無といっても過言ではない。

モンゴルでは，古くから阿弥陀仏が信仰されてきた。モンゴル人が阿弥陀仏を信仰し供養するのは，モンゴル人にとって阿弥陀仏は人間の寿命を延ばすことのできる仏であると強く信じられているからである。そのため，毎年僧侶を自宅に招き，父母の延命長寿のために，阿弥陀仏に関する経典による法要を僧侶に依頼する習慣が広く行われている[3)]。モンゴル語訳『聖阿弥陀仏の大乗経（*Qutugtu Amida Borqan u- yeke külgen sudar orusibai*）[4)]』を研究したいと考えたのは，筆者自身がこのような習慣に立脚し，生活しているからである。

モンゴル語訳『聖阿弥陀仏の大乗経』は，ブルジキン・エルキムバツ（Borjiqin Erqimbatu）氏が漢訳からモンゴル語に翻訳したものである。

木版無量寿仏

1993年に北京師範大学出版社から出版された。このモンゴル語訳『聖阿弥陀仏の大乗経』を入手できたのは，中国北京の雍和宮のダムチョウジャルサン（Dam chos rgyal mtshan，旦确堅賛）師との縁による。ダムチョウジャルサン師によると，これは内モンゴル自治区シリンゴル（錫林浩特）盟出身のブルジキン・エルキムバツ氏が所蔵していたものであり，氏が北京雍和宮を参拝したときに，贈呈したものであるという。現段階では，この『聖阿弥陀仏の大乗経』以上に古いものを入手することができないため，この経典に基づいて日本語訳を試みたい。

モンゴル語訳『聖阿弥陀仏の大乗経』は，チベット語訳『阿弥陀経』から翻訳したものではなく，漢訳の『阿弥陀経』からモンゴル語に翻訳したものである。元来，漢訳『阿弥陀経』には，モンゴル語訳にある『聖阿弥陀仏の大乗経』というような名称は見られない。チベット仏典では，ほとんどの経典の題目が「聖（ḥpags pa)」で始まっている。モンゴル語訳に「聖（qutugtu)」があるのは，訳者がこの経典を翻訳するとき，チベット仏教の影響を受けていたからだと思われる。

また，モンゴル語訳『阿弥陀経』に「聖（qutugtu)」を冠した理由として，次のような事柄が関係していると考えられる。『阿弥陀経』を漢語に翻訳した鳩摩羅什（Kumārajīvā，344-413または409頃）は，一生涯で390部以上の仏典を翻訳したとされているが，彼は臨終のとき，多くの弟子たちに向かって，

> kerba bi borqan u- nom ki borugu orcigulugsan ügei bol nada qi sitagaqu üye du minu kele ese sitaqu boltugai..[5)]
>
> もし私が，仏の教えを間違いなく訳すことができているならば，私を火葬した時，私の舌は燃えないであろう。

と述べたという。鳩摩羅什が亡くなり，火葬されると，屍体は全部燃えたものの，舌だけはそのまま残っていたという。鳩摩羅什が訳した『阿弥陀経』は間違いがないものと考えられ，真理を現わす「聖」を冠したものと思われる。[6)]

チベット語訳『阿弥陀経』のなかの阿弥陀仏の「仏」を，チベット語で「デッシンシクパ（De bshin gśegs pa=tathāgata)[7)]」というが，これは如来のことをいう。しかし，モンゴル語訳『阿弥陀経』の中の阿弥陀仏は，「アミダボルカン」(Amida Borqan）と直訳されている。すなわち阿弥陀仏である。これはモンゴル語訳『阿弥陀経』がチベット語訳からの翻訳でないことを示す証左となる。

中国語と日本語でいう阿弥陀仏の浄土である極楽世界を，チベット語訳では「デバジャン」(bDe ba can 極楽世界）といい，喜びがあるという意味を表す。[8)]モンゴル語訳では，円満で幸せに満ちた国土（tegüs jirgalangtu orun=Sukhāvatīlokadhātuḥ，極楽世界）という意味を表わす。これも同様にチベット語訳からの翻訳でないことを示す証左であると考えられる。

モンゴル語訳『聖阿弥陀仏の大乗経』の翻訳作業としては，まず鳩摩羅什漢訳の『仏説阿弥陀経』[9]を掲げ，次にブルジキン・エルキムバツ氏のモンゴル語訳『聖阿弥陀仏の大乗経』をローマ字で表記し，モンゴル語訳から筆者が日本語に翻訳した。日本語の訳文の（　）中のローマ字表記は，固有名詞などのモンゴル語やサンスクリット語を，また［　］は，原文にない語句を補うことを示す。

第2節　モンゴル語訳『聖阿弥陀仏の大乗経』日本語試訳

『仏説阿弥陀経』
姚秦三蔵法師鳩摩羅什奉詔訳
Qutugtu Amida Borqan u- yeke külgen sudar orusibai
You cin nu üye in gorban saba nom un bagsi Kumarasi orcigoljai.
『聖阿弥陀仏の大乗経』
姚秦時代の三蔵法師鳩摩羅什が訳す

⑴　説法の道場

如是我聞。一時仏。在舎衛国。祇樹給孤独園。与大比丘僧。千二百五十人倶。皆是大阿羅漢。衆所知識。長老舎利弗。摩訶目乾連。摩訶迦葉。摩訶迦旃延。摩訶拘絺羅。離婆多。周利槃陀伽。難陀。阿難陀。羅睺羅。憍梵波提。賓頭盧頗羅堕。迦留陀夷。摩訶劫賓那。薄拘羅。阿㝹楼駄。如是等。諸大弟子。並諸菩薩摩訶薩。

minu sonusogsan yir tere cag dur Borqan Šewi olus nu Sisogi güntü gürileng dü..
yeke gelong qowarag nu qamtu mingga qoyar jagu tabi coglarajai..
degedü siditen ece Šaribudari Mahakasya Modagaljibo Mahakadyayana

Rabjid Bagüla Anirüdla Ananda Cibanbuti Günggabü Rahüla Badirlagci Jürig jamci [Maha]üpali Kaliudayi Mahajibina iimu olan yege šabi nar baijai。 basa olan Bodisatba mahasatba nar baijai..
私が聞いたところによれば，その時釈尊（Borqan）は，舎衛国の祇園精舎（祇樹給孤独園，歓喜園）にましまして，大比丘がすべてで1250人集まった。[10]
［集まった大比丘は］すべて大阿羅漢であったから，[11] 一切に精通していた。
長老の舎利弗 （Śāriputra），摩訶目犍連（Mahāmaudgalyāyana），摩訶迦葉（Mahākāśyapa），摩訶迦旃延（Mahākātyāyana），離婆多（Revata），薄拘羅（Rāhula），阿尼楼（Aniruddha），阿難陀（Ānanda），憍梵波提（Gavāmpati），難陀（Nanda），羅睺羅 （Rāhula），賓頭盧頗羅堕（Piṅdola-Bharadvāja），周利槃陀伽（Cūdapanthaka），摩訶倶絺羅（Mahākauṣṭhila），迦留陀夷（Kāḷodāyin），摩訶劫賓那（Mahākapphiṅa）［など］，このような多くの大弟子[12]がいた。その他多くの菩薩と摩訶薩などがいた。

文殊師利法王子。阿逸多菩薩。乾陀訶提菩薩。常精進菩薩。与如是等。諸大菩薩。及釈提桓因等。無量諸天。大衆倶。
Manźusari nom nu qagan ayida(meiter) Bodisatba Gndakadi Bodisatba qalasiral ügei jidgügci Bodisatba edeger jerge in yege Bodisatba nar baina..
basa Qormusta tegri jerge togalasi ügei tegri nar qamtu baijai..
［すなわち］文殊師利（Mañjuśrī）法王，[13] 阿逸多（Ajita，無能勝）菩薩，乾陀訶提（Gandhastin）菩薩，常精進（Nityodyukta）菩薩などの大菩薩であった。
また釈提桓因（Śakro devānām Indrah，帝釈天）などの無数の諸天も，一緒におられた。

(2) 極楽の風光

《極楽の位置》

爾時仏告。長老舎利弗。従是西方。過十万億仏土。有世界。名曰極楽。其土有仏。号阿弥陀。今現在説法。

tere cag dur Borqan bagsi akamad šabi Šaribudari tur ügülerün..

ürüne jüg dü arban dömen döngsiqor yirtinju baiqu ni tegüs jirgalang nu orun boluna..

tere borqan nu orun tu nigen Amita geteg cola tai Borqan otu yag saiqan nom nomlaju baidag..

その時釈尊が，長老である舎利弗に言われた。

西方に10万億の仏土を越えると，そのような一つの世界があって，円満で幸せに満ちた国土（極楽世界）になっている。

その仏の国土に，一阿弥陀（nige Amida）といわれる仏がおられ，今，丁度，説法しておられる。

《極楽の由縁》

舎利弗。彼土何故。名為極楽。其国衆生。無有衆苦。但受諸楽。故名極楽。

aribudari e tere orun nu gümün ki yagakigad tegüs jirgalang nu orun geteg boi tere olus nu gümün amitan tu yamar cu gasalang jobalang baidag ügei mün basa bürin jirgal ki edeldeg dola tegüs jirgalang gejü nereidcai..

舎利弗よ，その国土をどうして円満で幸せに満ちた国土と呼ぶのか。その国土の生きとし生けるものには，悲しみも，苦しみも何もない。ただ，いろいろの楽しみだけを受けているので，円満で幸せに満ちている［国土］と呼ばれる。

《四宝七重の並木》

又舎利弗。極楽国土。七重欄楯。七重羅網。七重行樹。皆是四宝。周匝囲繞。

是故彼国。名曰極楽。
aribudari e tegüs jiragalangtu orun tu dologan daqur gereske tai dologan daqur tuur tai dologan daqur jigteregsen motu tai.. bügün yinr yin dürban juil nu erteni ber bürildügsen jimseg yinr güriyelejü baimoi..
舎利弗よ，円満で幸せに満ちた国土は，７重の欄楯に取り巻かれ，７重の羅網に取り巻かれ，７重の並木（行樹）に取り巻かれ，［それらは］すべて４種の宝でできている。

又舎利弗。極楽国土。有七宝池。八功徳水。充満其中。池底純以。金沙布地。
aribudari e tegüs jiragalanu un orun tu erteni in dologan nagur tai naiman aci ertem un osu tai nagur un totura ni osu bar bilqaraju iruqar duni ceber alta qomog yir debiscei..
舎利弗よ，円満で幸せに満ちた国土には，７種の宝石の池があり，８功徳の水があり，池の中は，水で充満し，［その］底には，金の砂のみが敷かれている。

《七宝の池と蓮華》
四辺階道。金銀瑠璃。頗梨合成。上有楼閣。亦以金銀瑠璃。頗梨車璖。赤珠碼碯。而厳飾之。池中蓮華。大如車輪。青色青光。黄色黄光。赤色赤光。白色白光。微妙香潔。舎利弗。極楽国土。成就如是。功徳荘厳。
nagura un dürben tala bar ni jam baidad alta münggü gügemdüg qas sil bolor yir bütügejei dagere tala tuni asar tagtu mün cu alta münggü gügemtüg qas sil bolor labai olagan sobod manu- bar cimeglejai..
nagur un toturaqi badama ceceg ni tergen kürtü metü yeke telgerejü。。köge üngge ece köge gerel sacuraju sira üngge ece sira gerel sacuran olagan üngge ece olagan gerel sacuragad cegan üngge ece cagan gerel manduqu bar baraqu ügei sonin saiqan arigün ceber angqilumal ünür qangügla-

na..
aribudari e tegüs jiragalang un orun bol teimü bütümjitei。。 i-mü aci erdem yir tarqan cimeg tei baidag baina..
池の四辺には，道があり，金，銀，瑠璃，ガラスでできている。上に楼閣があり，すなわち，金，銀，瑠璃，ガラス，珊瑚，赤真珠，瑪瑙で飾られている。
池の中の蓮の華は，車輪のように大きく咲いている。青色の光から青色の光が光っている。黄色の光から黄色の光が光っている。赤色の光から赤色の光が光っている。白色の光から白色の光が光っている。それだけでなく，素晴らしい香りが薫っている。
舎利弗よ，円満で幸せに満ちた国土は，そのように成就されている。このような功徳によって美しく荘厳されている。

《黄金の大地に降る曼荼羅の花》

又舎利弗。彼仏国土。常作天楽。黄金為地。昼夜六時。而雨曼陀羅華。其国衆生。常以清旦。各以衣裓。盛衆妙華。供養他方。十万億仏。即以食時。還到本国。飯食経行。舎利弗。極楽国土。成就如是。功徳荘厳。
aribudari e teregü ulus orun tur ürgülji tegri in egesig dagürisumoi.. sira alta bar gajar ki debiscei.. edür süni in jirgügan cag dü mandarba ceceg un qora baguju baidag..
tere oron u- kümüs kejiyede ürlüge erte bosumagca kümün büri qobcasun dagan olan saiqan angqilumal ünürtü ceceg aqugulju。。 arban jüg un arban tümen düngsigur Borqad dur ergüged qogula idekü degen tos orun dagan bocaju iremöi..
qogula ban jogoglagsagar nom yin bisilgamoi..
aribudari e tegüs jiragalang un orun tu bütümji burin yir yin aci erdem un cimeg bolai..

舎利弗よ，その仏の国土では，常に天の音楽が演奏されている。
大地には黄金が敷き詰められている。昼と夜の６度［に分けて］，曼荼羅の花の雨が降る。
その国土の人々は，早朝に起きるといつも，衣服に，美しく香ぐわしい花をたくさん盛って，十方の10万億の仏に供養する。そしてそれを，食事の時[14]に自分の国土に帰る。食事が終わると，法を修行する。
舎利弗よ，円満で幸せに満ちた国土は，完璧に成就された功徳で美しく飾られている。

《優美な鳥の声》

復次舎利弗。彼国常有。種種奇妙。雑色之鳥。白鵠孔雀。鸚鵡舎利。迦陵頻伽。共命之鳥。是諸衆鳥。昼夜六時。出和雅音。其音演暢。五根五力。七菩提分。八聖道分。如是等法。其土衆生。聞是音已。皆悉念仏念法念僧。
basa daqin Šaribudari e tere orun tu basa olan türül un sonun gaiqamsigtai üngge büri in jikürten baidad.. cagan toguru- togus toti tegelei (jagun keltu) galbingga qo-s medeldü jarge baidag。。 edeger olan jigürten edur süni tonggutuna tedeger egesig ayalgu ni tabun erketen tabun küjü bodi in dologan ilgal naiman qutug un yosu ucir jerge ki nomldag baina..
tere orun u- amitan bükün ayalgu qi sonusbasu bükün yir yin Borqan erdeni nom erdeni qowarag edeni ki sanigajadag bülüge.
また次に，舎利弗よ，その国土には，また種々の珍しい色の鳥がたくさんいる。［それらは］白鳥，孔雀，鸚鵡，百舌鳥[15]，妙音鳥（galbingga，迦陵頻伽），命命鳥などである。これらの鳥は，昼と夜とに６度[16]，優美で，調和のとれた声で鳴く。それらの優美で調和のとれた声は，５つのすぐれた働きできる五根五力や，悟りに役立つ七菩提分，八聖道の道理などを説き明かしている。
その国土の一切の衆生は，［これらの鳥の］声を聞けば，すべて，仏宝・法宝・僧宝を念じることになる。

舎利弗。汝勿謂此鳥。実是罪報所生。所以者何。彼仏国土。無三悪趣。舎利弗。其仏国土。尚無三悪道之名。何況有実。是諸衆鳥。皆是阿弥陀仏。欲令法音宣流。変化所作。

aribudari e ci edeger sibagud ki nigül qilince in erke ber atugusu amitan tu oruju jayagala gejü üjejü ülü boluna, terekü Borqan u- orun tu gorban maqu jayaga baidag ügei yom.. Šaribudari etere borqan u- orun tu magu jayagan u- neres basa baiqu ügei baitala kerqin deimü kereg baiju bolqu boi? yag ünen ki kelebel tedeger sibagu nugud Amida Borqan mün.. borqan u- nom ki nomlaqu ulamjilaqu šagardalga ece bolju teimu kelbari ber qobirajai..

舎利弗よ，あなたはこれらの鳥を罪業の報いで動物に生まれたものと考えてはならない。なぜならば，それらの仏の国土には，三悪道はあり得ないからである。舎利弗よ，その仏の国土には悪趣ということばさえないのに，どうして，それらが実体としてあるわけがあろうか。実のところを言えば，それらの鳥たちは阿弥陀仏である。仏の教えを説き，継承し，広めようという考えから，そのような姿が造り出されているのである。

《妙なる風の音》

舎利弗。彼仏国土。微風吹動。諸宝行樹。及宝羅網。出微妙音。譬如百千種楽。同時倶作。聞是音者。皆自然生。念仏念法念僧之心。舎利弗。其仏国土。成就如是。功徳荘厳。

aribudari e tere Borqan u- orun tu tedeger erdeni in motu erdeni in to-r eyebarkü- salqi namuguqan üliyemegce tekün ece sonin gaiqamsigtu egesig ayalqu sonordaju yag saiqan jagu minggan jüil un kügjim qamtu kügjimdekü metü.. tere kügjim ki sonosugsagar borqan nom qowarag gprban erdeni ki dorasun situmoi..

aribudari e tere borqan u- orun tu teimu yege bütümjitai aci ertam un cimeg boluna..

舎利弗よ，その仏の国土には，風が穏やかに吹いている。それらの宝の樹があり，宝の羅網を動かしている。それより珍しい，美しい調和のとれた音が聞こえることは，例えていうならば，幾百，幾千種類の音楽が同時に演奏されているようなものである。その音楽を聞いていると，［みな，自然に］三宝である仏を念じ，法を念じ，僧を念じて帰依するのである。
舎利弗よ，その仏の国土は，そのような大成就された［阿弥陀仏の］功徳による荘厳で飾られている。

《阿弥陀仏と呼ぶ理由》
舎利弗。於汝意云何。彼仏何故。号阿弥陀。舎利弗。彼仏光明無量。照十方国。無所障礙。是故号為阿弥陀。
aribudari e cinu totura yagun ki sedkijü baiga boi? tere Borqan ki yagun u-ucir ece Amirda gedeg boi?
舎利弗よ，あなたの心の中で何を考えているのか。その仏をどうして阿弥陀と呼んでいるのか。

又舎利弗。彼仏寿命。及其人民。無量無辺。阿僧祇劫。故名阿弥陀。舎利弗。阿弥陀仏。成仏已来。於今十劫。舎利弗よ，その国土には限りのない光明があって，十方の国土を照らしても，絶対に障碍されないことから，阿弥陀と名づけられたのである。
aribudari e tere orun bol caglasi ügei sacuranggui gereltai arban jüg un orun ki geikülküi dü yamar cu sagad qarasi ügei ece amida kemen colala-bai..
aribudari e tere Borqan u- nasun qotug bolun tegü u- arad dümen ni togala-si ügei asangqi kalba tai tengcene.. i-mu ece Amida Borqan gejü nereidcei..
aribudari e Amida Borqan Borqan bolugsan ece abugad odu boltala nigenta arban kalba bolbai..

また舎利弗よ，その仏の寿命と，そこ［阿弥陀仏の国土］に生きる人々の寿命は，無限永遠の阿僧祇劫に相当する。だから，阿弥陀仏と名づけられた。舎利弗よ，阿弥陀仏が成仏してから今まで，既に十劫という永遠の時間を経ている。

《声聞の弟子と菩薩たち》

又舎利弗。彼仏有無量無辺。声聞弟子。皆阿羅漢。非是算数。之所能知。諸菩薩衆。亦復如是。舎利弗。彼仏国土。成就如是。功徳荘厳。

aribudari e tere borqan tur toganotmsi ügei olan šrawaka(sonurdagci) šabi nar baiqu ni bükün yir yin arhad bolai, tekün u- toga qi medekü in arga ügei bolai..

Bodisatba nar ki basa togalagad baraqu ügei..

aribudari e tere Borqan u- orun tu amjilta tüküreng ni aci tosa in cimeg borai..

また舎利弗よ，その仏には，数を数えても数え尽くすことができないほど多くの声聞の弟子がいて，すべてが阿羅漢である。その数を知る方法がない。

菩薩たち［の数］も同様に数え切れない。

舎利弗よ，その仏の国土を，円満成就した功徳によって荘厳しているのである。

《極楽に生まれたものたちとは》

又舎利弗。極楽国土。衆生生者。皆是阿鞞跋致。其中多有。一生補処。其数甚多。非是算数。所能知之。但可以無量無辺。阿僧祇劫説。

aribudari e degüs jirgalang un orun du ociju mendülekü olan amitan nogud qagas jam ece oqoriju bocaqu ucir yabodal baiqu ügei..

tegün u- totura ni ene türül degen nügübürilegsen ni ali olan baidag tegün ki toga bar togalaqu arga ügei yom.. gagca togalasi ügei qijagalasi ügei

asangqi kalba bar kemjikü le kereg..
また舎利弗よ，円満で幸せに満ちた国土に往生する多くの生きとし生けるものは，［修行の］道の途中から後退して戻ることがない。
その中には，今生において一生補処を得たものがたくさんいる。それを数える方法がない。唯一［の数え方］は，無数・無量・阿僧祇劫である永遠の時間によって量る方法しかない。

(3)　極楽往生の条件

舎利弗。衆生聞者。応当発願。願生彼国。所以者何。得与如是。諸上善人。倶会一処。
aribudari e olan amitan egün ki sonusbasu erkebsi irügel talbiju tere orun tu ociju mendülekü gi joritugai.. kerqin yimu boldag aji.. olan boyantai kümüs nigele qamtu coglaragsan u- ocir bolai..
舎利弗よ，多くの衆生は，これ［阿弥陀仏とその極楽の国土の在り様］を聞くならば，必ず発願して，その国土に往生したいと決意するものである。何故，このようになるかといえば，多くの福徳がある人々は一緒に集まること（倶会一処）ができるからである。

舎利弗。不可以少善根。福徳因縁。得生彼国。
aribudari e tere orun tu ociju türükü kümün sain u- ündüsü boyan u- eerdem un üre siltagan megüs baiju ülü boluna..
舎利弗よ，その国上に往生する人は善根と福徳功徳の因縁が，悪くてはいけない。

《名号を保つ人は》

舎利弗。若有善男子善女人。聞説阿弥陀仏。執持名号。若一日。若二日。若三日。若四日。若五日。若六日。若七日。一心不乱。

其人臨命終時。阿弥陀仏。与諸聖衆。現在其前。是人終時。心不顚倒。即得往生。阿弥陀仏。極楽国土。
aribudari e tedeger süsügtei eregtei itegeltü emegtei amida borqan u- nom ki sonusugad kerbe nige edür qoyar edür gorban edür dürben edür tabun edür jirgugan edür dolugan edür nere gi ni duratun ongsigad sedkil ni jigaqan cu ülü samaguraqu.. ene kümün nasu nügcikü üye tü Amirda Borqan ba olan Bodisatba bogda nar tekün u- emüne ni ilerene.. kümün nasu nügcikü üye dü sedkil samaguraqu ügei bol erkebsi Amida Borqan u- tegüs jirgalang un orun tuociju mendülene..
舎利弗よ，もしそれら信仰ある男子（善男子）と帰依のある女子（善女子）が，阿弥陀仏の法を聞いて，例えば一日，二日，三日，四日，五日，六日，七日と［阿弥陀仏の名を称え］名号を念じて，［読誦して，］心が少しも散乱しないならば，この人の臨終に際し，阿弥陀仏ともろもろの聖なる菩薩たち[17]が，その［人の］前に現われる。
［その］人は，命が終わる時に心が動揺したりすることがないから，必ず阿弥陀仏の円満で幸せに満ちた国土に往生する。

舎利弗。我見是利。故説此言。若有衆生。聞是説者。応当発願。生彼国土。
aribudari e bi üjebel yegele tosatai.. egün u- tola ingqiju nomlabai.. ene üge ki sonusogcid erkebsi yege irügel talbiju sigudbasu tere orun tu mantülejü cidamoi..
舎利弗よ，私（釈尊）には，考えてみると大変素晴らしい利益があると思われる。だから，このように，［念仏の功徳を］説いたのである。この教えを聞いた人々は，大きな願を起こして決意するならば，必ずその国土に往生することができる。

(4)　発願と信のすすめ

《釈尊自ら証悟して発願をすすめる》

舎利弗。如我今者。讃歎阿弥陀仏。不可思議功徳。

aribudari e bi edüge Amida Borqan u- sedkisi ügei aci erdem un aci tosa gi magtagad barasi ügei..

舎利弗よ，私（釈尊）は，いま，阿弥陀仏の不可思議である功徳の利益をどれほど称讃しても称讃し尽くせない。

《東方の諸仏による阿弥陀仏の称讃》

東方亦有。阿閦鞞仏。須弥相仏。大須弥仏。須弥光仏。妙音仏。如是等。恒河沙数諸仏。各於其国。出広長舌相。徧覆三千大千世界。説誠実言。汝等衆生。当信是称讃。不可思議功徳。一切諸仏。所護念経。

duruna jüg un Akasubquwa Borqan Sümbür kelberitü Borqan Yege sümbür Borqan Sümbür gereltü Borqan sain dagutu Borqan jerge gangga müren u- qomug sig togalasi ügei Borqan baidag..

tede über un olus dagan ürgen urtu kele ilereged gorban minggan yege minggan yirdinjü ki bügün ki bürgüjü cidadag baina..

nomlagsan ünen bodatai nom ki tan jerge in olan amitan enekü sedkigdesi ügei magtagaltu aci erdem ki idegebel aliba Borqan cinu ongsilga gi qamagalaqu boluna..

東方には，阿閦鞞仏，須弥相仏，大須弥仏，須弥光仏，妙音仏など，ガンジス河の砂のように無数の仏がいる。それら［の仏たち］は，おのおのの国土において広長舌している。［広長舌の仏の説法は］あまねく三千大千世界を覆うことができるという。生きとし生けるものすべてが，仏が説く真実の法や，このような不可思議で称讃されている功徳を信じれば，すべての仏が，あなたが念誦している［阿弥陀］経を護持する。

《南方の諸仏による阿弥陀仏のすすめ》

舎利弗。南方世界。有日月灯仏。名聞光仏。大焔肩仏。須弥灯仏。無量精進仏。如是等。恒河沙数諸仏。各於其国。出広長舌相。偏覆三千大千世界。説誠実言。汝等衆生。当信是称讃。不可思議功徳。一切諸仏。所護念経。

aribudari e emüne jüg un yirtincüs dü Nara sara gereltü Borqan Nere ben sonurdagulugci gereltü Borqan Yege galtu mürütü Borqan Sümbür jolatu Borqan Qijagalasi ügei qiciyenggüi Borqan gangga müren u- qomug tai adali toga tomsi ügei borqad.. ejelegsen ele orun dagan ürgen urtu kele be ileregüljü gorban minggan yege minggan yirtinjü ki bürgüjü ünen yosutai üge ki kelejü.. tan sig olan amitan sedkigdesi ügei aci erdem ki magtan saisiyagsan ki idegebel aliba Borqad nom ongsidag kümüs ki qamgalana..

舎利弗よ，南方世界には，日月灯仏，名聞光仏，大焔肩仏，須弥灯仏，無量精進仏など，ガンジス河の砂のように無数の仏がおり，それぞれの国土において広長舌している。［広長舌の仏の説法は］あまねく三千大千世界を覆っている。生きとし生けるものすべてが，真実の理法や，不可思議な誉め称えられている功徳を信じれば，すべての仏が，法を念誦する人々を護持する。

《西方の諸仏による阿弥陀仏の称讃》

舎利弗。西方世界。有無量寿仏。無量相仏。無量幢仏。大光仏。大明仏。宝相仏。浄光仏。如是等。恒河沙数諸仏。各於其国。出広長舌相。偏覆三千大千世界。説誠実言。汝等衆生。当信是称讃。不可思議功徳。一切諸仏。所護念経。

aribudari e baragun jüg un olan yirtinjü dü qijagalasi ügei Nasun qutugtu Borqan Qijagalasi ügei dürsütü Borqan Qijagalasi ügei cimegtü Borqan Yege gereltü Borqan Yege ber geigülgü Borqan Erdenis un dürsütü Borqan Arigun gereltü borqan baidag。。 tedeger gangga müren u- qomug sig olan Borqad.. tos olus dagan ürgen urtu kele ben gargaju gorban ming-

gan yege minggan yirtinjü ki bürgüjü ünen bodatai üge ber.. tansig olan amitan ki idgan sorgaju sedkigdesi ügei aci erdem ki magtan saisuyagsan ki itegekü geregtei nom ongsigcid ki aliba Borqad qamagalana..
舎利弗よ，西方世界には，無量寿仏，無量相仏，無量幢仏，大光仏，大明仏，宝相仏，浄光仏がいる。それらのガンジス河の砂の数のように無数の諸仏が，それぞれの国土において広長舌している。[広長舌の仏の説法は］あまねく三千大千世界を覆っている。真実の言葉で，すべての衆生に説法している。不可思議で誉め称えられている功徳を信じれば，すべての仏が，法を念誦する人々を護持する。

《北方の諸仏による阿弥陀仏の称讃》

舎利弗。北方世界。有焔肩部最勝音仏。難沮仏。日生仏。網明仏。如是等。恒河沙数諸仏。各於其国。出広長舌相。徧覆三千大千世界。説誠実言。汝等衆生。当信是称讃。不可思議功徳。一切諸仏。所護念経。
aribudari e umara jüg un yirtinjüs dür Gal mürütü Borqan Qamog sain dagutu Borqan qijagarlagdasi ügei Borqan Nara urguqu Borqan Tour un gereltü Borqan jerge gangga müren u- qomug un toga sig olan Borqad tos tos un olus yin ejelen ürgen urtu kele yege gorban minggan yege minggan yirtinjüs ki bürgüged ünenci sitorgu üge ber.. tan sig olan amitan sedkigtesi ügei aci erdem ki magtan saisiyagsan ki itegebel。。 aliba Borqad nom ongsidag kümüs ki qamagalana..
舎利弗よ，北方世界には，焔肩仏，最勝音仏，難沮仏，日生仏，網光仏などがいる。それらのガンジス河の砂のように無数の諸仏は，それぞれの国土を治めて，広長舌している。[広長舌の仏の説法は］あまねく三千大千世界を覆っている。生きとし生けるものすべてが，説かれた真実の法や，不可思議で誉め称えられている功徳を信じれば，すべての仏が，法を念誦する人々を護持する。

《下方の諸仏による阿弥陀仏の称讃》

舎利弗。下方世界。有師子仏。名聞仏。名光仏。達摩仏。法幢仏。持法仏。如是等。恒河沙数諸仏。各於其国。出広長舌相。徧覆三千大千世界。説誠実言。汝等衆生。当信是称讃。不可思議功徳。一切諸仏。所護念経。

aribudari e doura tala in yirtinjü in Arsalangtu Borqan Aldartu sonurdugci Borqan Aldartu gereltü darma Borqan Nom un cimegtü Borqan Nom ki barigci Borqan edeger jerge in gangga müren u- qomug un doga sig olan Borqad.. tos tos un olus dagan ürgen urtu kele be gorban minggan yege minggan yirdincüs ki bürgüjü.. cigci sitorgu üge ber。。 tan sig olan amitan nugud magtagal saisiyaltai sedkigtesi ügei aci erdem ki idegeljejü boyan u- nom ongsigcid ki aliba Borqad qamagalana..

舎利弗よ，下方世界には，獅子仏，名聞仏，名光仏，達摩仏，法幢仏，持法仏などがいる。それらのガンジス河の砂の数のように多くの仏が，それぞれの国土において，広長舌して，［広長舌の仏の説法は］三千大千世界を覆っている。生きとし生けるものすべてが，説かれた真実の法や，不可思議で称讃されている功徳を信じれば，すべての仏が，福徳の法を念誦する人々を護持する。

《上方の諸仏による阿弥陀仏の称讃》

舎利弗。上方世界。有梵音仏。宿王仏。香上仏。香光仏。大焔肩仏。雑色宝華厳身仏。娑羅樹王仏。宝華徳仏。見一切義仏。如須弥山仏。如是等。恒河沙数諸仏。各於其国。出広長舌相。徧覆三千大千世界。説誠実言。汝等衆生。当信是称讃。不可思議功徳。一切諸仏。所護念経。

aribudari e degere tala in yirdinjü tu Barhaman dagutu Borqan Odun orun u- qagan Borqan Angqilumal degedü Borqan Angqilumal gereltü Borqan Yege gal un mürütü Borqan Alag erdeni in ceceg yir cimeglegsen beyetü Borqan Baqi motun qagan Borqan Erdeni in ceceg un erdemtü Borqan Aliba gi tolilagci Borqan Sümbür agula sig Borqan。。 edeger jerge in gangga müre u- qomug sig olan borqad tos tos un olus dagan ürgen urtu kele ber yin gorban minggan yege minggan yirdinjü gi bürgügeged cigci sidurgu üge ber.. olan amitan ki sedkigdesi ügei aci erdem ki magtan saisuyagad ene nom ki itegetügei gejü idgan sorgaba。。 aliba nom ongsigcid ki Borqan bügün qamagalana..

舎利弗よ，上方世界には，梵音仏，宿王仏，香上仏，香光仏，大焔肩仏，雑色宝華厳身仏，沙羅樹王仏，宝華徳仏，見一切義仏，如須弥山仏などがいる。それらのガンジス河の砂の数のように多くの仏たちが，それぞれの国土において，広長舌で，［広長舌の仏の説法は］あまねく三千大千世界を覆っている。すべての仏が，生きとし生けるものすべてに，説かれた真実の法や，不可思議で誉め称えられている功徳を信じるように教えた。［すべての仏が］法を念誦する人々を護持するはずである。

《念仏の出縁》

舎利弗。於汝意云何。何故名為。一切諸仏。所護念経。

aribudari e cinu sanagan tu kerkin? yamar ocir dur aliba Borqad ene nom ki ongsigcid ki qamagaladag boi?

舎利弗よ，あなたはどのように考えているのか。どうして，すべての仏が，この法（阿弥陀経）や念誦する人々を護持するのか。

舎利弗。若有善男子善女人。聞是諸仏諸説名。及経名者。是諸善男子善女人。皆為一切諸仏。共所護念。皆得不退転。於阿耨多羅三藐三菩提。

aribudari e tedeger süsügtü eretei itegeltü emegteicüd ene nom ki sonusju uilagagcid kiged Borqan u- neres ki sonusugcid.. edeger süsügten eregtei itegedeg emegteicüd tedeger olan borqan u- qamagalalta bar nom bisilgag-sagar bügün yir erkijü ülü bocaqu.. arhadi samyag sambodiya gi olqu bolu-

na..
舎利弗よ，それらの信仰がある善男子や帰依がある善女子たちは，この法（阿弥陀経）を聞き，称讃する。仏の名号を聞いた信仰がある善男子や帰依がある善女子は，多くの仏に護られて法を修行して，不退転の境地に入る。［こうして］この［ような］無上正等覚の悟り（anuttarā samyak-sambodhiḥ 阿耨多羅三藐三菩提）を得るのである。

《念仏の大切さ》
是故舎利弗。汝等皆当。信受我語。及諸仏諸説。
yimu ucir ece Šaribudari ta bügüdeger ergebsi minu nomlal ba olan Borqad un nomlal ki dagaqu keregtei..
このような理由から，舎利弗よ，あなたたちはすべて，必ず私［釈尊］の教えと多くの仏の教えに従う必要がある。

《再び発願のすすめ》
舎利弗。若有人。已発願。今発願。当発願。欲生阿弥陀仏国者。是諸人等。皆得不退転。於阿耨多羅三藐三菩提。於彼国土。若已生。若今生。若当生。是故舎利弗。諸善男子善女人。若有信者。応当発願。生彼国土。
aribudari e kerbe nige kümün erde dü irügel talbigsan otu irügel talbigsan iregedüi dü irügel talbigsan ni cöm Amida Borqan u- orun du ociju türüye kemebesu tedeger jerge in gümüs bocaju irekü ügei ber baraqu ügei。。 arhatei samyag sambodiya ki oluna.. mün jü cöm tere orun tu ociju cidana..
yimu ucir ece Šaribudari sain sedkil tü eregtei süsügtü emegteicüd egün ki itegeged irügel talbigsagar tare orun tu ociju türükü ni damjig ügei yom..
舎利弗よ，もし過去に発願し，今，発願し，これから未来に発願しようとしている人々が，本当に阿弥陀仏の国土に往生しようと願うならば，不退転の境地にとどまることなく，この無上正等覚の悟りを得ることができる。従って，過去にしても，現在にしても，未来にしても必ずその国土（極楽世界）に往生することができる。
従って，舎利弗よ，優しい心をもっている善男子と信仰のある善女子は，［阿弥陀仏の］本願を信じて，願いを起こせば，その国土に往生することは疑う余地がない。

《諸仏による称讃の言葉》
舎利弗。如我今者。称讃諸仏。不可思議功徳。彼諸仏等。亦称説我。不可思議功徳。而作是言。釈迦牟尼仏。能為甚難。希有之事。能於娑婆国土。五濁悪世。劫濁。見濁。煩悩濁。衆生濁。命濁中。得阿耨多羅三藐三菩提。為諸衆生。説是一切世間。難信之法。
aribudari bi edüge edeger olan Borqad un sedkigdesi ügei aci erdem ki magtan saisiyamoi[18].. tedeger olan borqad basa minu sedkigdesi ügei aci erdem ki magtan saisiyamoi.. tedeger borqad nomlarun.. Šaqimoni Borqan qamug kücirtei büged yarsigtai olan ülü toqiyalduqu kereg ki üiletün enekü sambutib deki gasalangtu yirtinjü in.. tabon magu juil baiqu kalba in bordag üjel un bordag jubaqu in bordag qamog amitan u- bordag amin u- bordag un totura.. qamog degetu borqan u- mür bolqu arhadi samyag sambodiya gi olugsan anu asuru gaiqamsig bolai..
olan amitan u- tosatu amiba yirtinjü in qaomg amitan cöm idegeküye berge arga boluna..
舎利弗よ，私（釈尊）はいま，これらの諸仏の不可思議の功徳を誉め称えた。それらの諸仏は，また私の不可思議の功徳を誉め称えた。それらの諸仏は［次のように］説いている。
釈迦牟尼仏は，はなはだ難しい，最も面倒な多くの希有なことをなしとげた。このような娑婆世界という苦痛に満ちた国土には，五つの汚れ（五濁）がある。すなわち［１］劫の濁であり，［２］見の濁であり，［３］煩悩の濁であり，［4］衆生の濁であり，［5］命の濁である。［娑婆世界において］最高の仏道である無上正等覚の悟り（阿耨多羅三藐三菩提 anuttarā samyak-sambodhiḥ）を得たことは非常に希有なことである。
すべての世間の一切衆生のために，信じ難い法を［説かれた］。

《釈尊の結語》

舎利弗。当知我於。五濁悪世。行此難事。得阿耨多羅三藐三菩提。為一切世間。説此難信之法。是為甚難。
aribudari e ta medekü keregtei.. bi enekü tabun buqirtu jubalangtu yirtinjü in qamug amitan u- tosa tu yimürkü sedkigdesi ügei arga gi nomlaqu anu berke ece berke bolai..
舎利弗よ，あなたは知らなければならない。私（釈尊）は，苦の世間において，このような五つの最も難しい，極めて難しいことをなしとげ，無上正等覚の悟りを得，すべての世間の一切衆生のために，このような難信の教えを説いた。［これは私自身にとっても］極めて難しいことであった。

(5) 聴衆の喜び

仏説此経已。舎利弗。及諸比丘。一切世間。天人阿修羅等。聞仏所説。歓喜信受。作礼而去。
仏説阿弥陀経　終
Borqan bagsi ene《Qutugtu Amirda Borqan u- caglasi ügei urtu nasutu yege külgen sotur》ki nomlaqu dü Šaribudari bolun tedeger gelong qowarag aliba yirtinjü in degri kümün asuri jerge baijai..
Borqan u- nomlagsan ki sonusugad bayasgulangtai bar küliyen abcu yosulan salju odbai..
釈尊がこの『聖阿弥陀仏の無量寿である大乗経』を説かれた［時］，舎利弗および大乗の比丘，あらゆる世界の天，人間，阿修羅などがいた。

［いあわせたものはすべて］釈尊が説いた教えを聞いて，喜んで信受し，礼拝して立ち去った。

第３節　結　語

以上は，モンゴル語訳『聖阿弥陀仏の大乗経』の日本語翻訳である。この翻訳の作業を通して，モンゴル仏教はチベット仏教だけを受け入れたのではなく，中国仏教をも並行して受け入れていることが明らかとなる。

『聖阿弥陀仏の大乗経』で注目されるところは，漢訳に対して「聖」「仏」「大乗」の３つの語を加えたことであり，ここにモンゴル仏教の特徴が見られる。

「聖」は，モンゴル語で「ホトクト」（Qutugtu）といい，活仏を意味する[19]。ホトクトは仏や菩薩の化身であり，僧俗に幸福を与えると信じられている。

『聖阿弥陀仏の大乗経』には，サンスクリット語の影響が多く残っている。たとえば，阿弥陀仏のことを「アミダボルカン」（Amida Borqan），文殊菩薩のことを「マンシルボルカン」（Mansir Borqan，文殊仏），経典のことを「ソドル」（sudar=sūtra），活仏のことを「ホトクト」（Qutugtu）と呼ぶ点などである。これらのアミダボルカンやマンシルボルカンやソドルやホトクトなどのモンゴル語は，サンスクリット語から変化したものと考えられる。

13世紀の初期以降，モンゴル帝国には中国仏教の耶律楚材居士と海雲法師，そしてカシミールの那摩国師が仏教を伝えてきた[20]。当時のモンゴル僧は，サンスクリット語に精通しており，チベット語や漢文などから経典をモンゴル語に翻訳する時，サンスクリット語で表わされた固有名詞を借用することができたと考えられる。この『聖阿弥陀仏の大乗経』も多くのサンスクリット語を借用して翻訳していることが分かる。

「仏」を加えた理由は，モンゴル人の宗教意識では，『阿弥陀経』というよりは，「仏」を付け加えたほうが，モンゴル仏教徒にとって実感し納得しやすかった点にあると考えられる。モンゴル人の信仰意識では，菩薩信仰より仏の信仰のほうが馴染みやすかったと思われる。たとえば，上述した『聖阿弥陀仏の大乗経』の中に現われる文殊菩薩を，モンゴル仏教では文殊菩薩ではなく「マンシルボルカン」（文殊仏）と呼んでいることに現れているであろう。一方，中国人の宗教意識では，仏よりも菩薩に対する信仰のほうが，受け入れやすかったのである。一般の中国人は日常生活で，常に優しい人を「菩薩心腸」という。これは菩薩の慈悲心をもっている人という意味である。逆にモンゴル人は優しい人を，「ボルカノセドギルタイ」（Boruqa u sedgetai）と呼ぶ。これは「仏心」がある人を意味する。このようにモンゴルの地では，日常生活に仏への信仰が色濃く残っている。

「大乗」を加えたのは，私一人の成仏を求めるのではなく，生けるものすべてと同時に成仏しようという，大乗仏教の思想を表明する点にあるであろう。釈尊が『阿弥陀経』の中で舎利弗に対して，

> 過去に発願し，今，発願し，未来に発願しようとしている人々が，本当に阿弥陀仏の国土に往生しようと願うならば，不退転の境地にとどまることなく，この無上正等覚の悟りを得ることができる。

と説いているところに大乗の思想がよく表明されている。

なお，ここに取り上げたモンゴル語訳『聖阿弥陀仏の大乗経』の他に，内蒙古図書館に所蔵されている『聖無量寿命と智慧者と名付ける大乗経（*Qutugtu Caglasi üge nasun kiged bilge bilig tü neretü yeke külgen sodor orusibai*）』[21]によれば，釈尊は極楽世界を舎利弗に対して説いたのではなく，文殊菩薩に対して説いたとしている。これは１つの注目される点であるが，この問題について，詳細に検討する必要があると思われる。

註

1）　マクス・ミュラー，南条文雄が刊行した『阿弥陀経』のサンスクリッ

ト原文は，（F. Max Müller and Bunyu Nanjio: *Sukhāvatī Vyūha, Description of Sukhāvatī, the Land of Bliss,* Anecdota, Aryan Series, vol. 1, part 2, Oxford 1883.），矢吹慶輝『阿弥陀仏の研究』（明治書院，1937年），荻原雲来・河口慧海『梵蔵和英合壁浄土三部経』（大東出版社，1931年初版，1961年再版），寺本婉雅訳注『梵蔵和三体合壁仏説無量寿経阿弥陀経』（丙午出版社，1928年），藤田宏達『原始浄土思想の研究』（岩波書店，1970年）などがあり，一々枚挙に暇がない。

2）　畝部俊英「『阿弥陀経』依報段試解」（東本願寺出版部，2002年）iii 頁。

3）　拙稿「モンゴルにおける阿弥陀仏の信仰」（『印度学仏教学研究』51-1，2002年）279～282頁。

4）　ブルジキン・エルキムバツ訳『聖阿弥陀仏の大乗経（*Qutugtu Amida Borqan u- yeke külgen sodor orusibai*）』（北京師範大学出版社，1993年）。

5）　前掲註４『聖阿弥陀仏の大乗経』４頁。

6）　前掲註４『聖阿弥陀仏の大乗経』５頁。

7）　寺本婉雅訳注『梵蔵和三体合壁仏説無量寿経阿弥陀経』（丙午出版社，1928年）１～10頁，日本語訳は93～105頁。

8）　前掲註７『梵蔵和三体合壁仏説無量寿経阿弥陀経』１～10頁，日本語訳は93～105頁。

9）　鳩摩羅什訳『仏説阿弥陀経』（『大正新修大蔵経』12，347頁）。

10）　大比丘（yeke gelong qowarag）の中の「gelong」は，チベット語では，比丘の意味である。通常は，比丘をモンゴル語では，アヤガ・タヒリク（ayaga takimkig）という。中村元・早島鏡正・紀野一義訳注『浄土三部経　下』（岩波文庫，1995年）121頁では，「修行僧」と訳している。

11）　大阿羅漢（degedü siditen）の阿羅漢をモンゴル語では，アヒィシツゲーン（aqui sitügen）と訳している。永遠に信頼できる者の意味である。

12）　前掲註10『浄土三部経　下』121頁では，大弟子（yege šabi）の弟子を日本語訳では，求道者と呼んでいる。

13）　モンゴル語訳は，文殊師利法王（Manźusari nom nu qagan）であるが，チベット語では，文殊童子（ḥJam dpal gshon nu）となっている。日本語訳は，ほとんど文殊師利法王子（Mañjuśrī kumārabhūta）となっている。

14）　由木義文『阿弥陀経』（講談社，1991年）64頁によれば，昼の食事のときに極楽国土に帰ることになっている。

15) モンゴル語訳だけ兎（tegelei）となっている理由は不明である。漢訳は舎利と訳している。日本語訳は百舌鳥としていることもある。またチベット語訳では，鸚鵡（nan），白鳥（khrun khrud），孔雀（rma bya）であって，百舌鳥（jagun keltu），妙音鳥（galbingga 迦陵頻伽），命命鳥（qo-s medeldü）などが省略されている。

16) チベット語訳では，昼3度（ñin lan gsum）と夜3度（mtshan lan gsum）となっている。昼と夜の6時とは，仏教で，昼夜を六回に分けて修行することをいう。

17) ブルジキン・エルキムバッツ訳『聖阿弥陀仏の大乗経（*Qutugtu Amida borqan u-yeke külgen sodor orusibai*）』（北京師範大学出版社，1993年）60～62頁のモンゴル語訳文では，もろもろの聖なる菩薩たち（olan Bodisatba bogda nar）となっているが，漢訳『仏説阿弥陀経』には菩薩の表記がない。

18) 〈aribudari bi edüge edeger olan borqad un sedkigdesi ügei aci erdem ki magtan saisiyamoi..〉この2行がモンゴル語訳では，重ねられている。

19) 詳細は，拙稿「チベットとモンゴル仏教における活仏の由来」（『同朋大学仏教文化研究所紀要』21，2001年）19～49頁。

20) 詳細は，拙稿『モンゴル仏教の成立過程とその文化』（愛知学院大学で取得した学位論文，2000年）。

21) この経典は，中国内蒙古図書館の阿憂爾氏の協力で複写文を入手することができた。因みに，阿難の問いに対して，釈尊が『無量寿経』を説き，王舎城の韋提希夫人の請いに応じて『観無量寿経』を説いたとされる。

第3章

モンゴル仏教における禅浄の研究
——瑞応寺の活仏と梵宗寺の活仏とを中心にして——

第1節　序　言

本章は，筆者が2004年６月30日から７月４日まで瑞応寺において開催された『時輪金剛灌頂』の儀礼について行なった現地調査，および同年７月20日から７月23日まで参加した，梵宗寺の修復落典法要および翁牛特旗首届民族文化旅游節をもとにした実例研究である。

モンゴル仏教の特徴の一つは活仏であるとされている。その信仰において，活仏は諸仏・諸菩薩の再来であるとされている。そしてモンゴルの仏教寺院では，活仏の存在がその寺院の運営に大きな影響を及ぼしている。そのため，他の多くのモンゴル仏教寺院と同様に，瑞応寺と梵宗寺とは，文化大革命（1966-76）で大きな打撃を受け，寺院全体がほとんど破壊された。しかし，活仏がいることによって復興することができたと考えられている。

本章では，このような瑞応寺と梵宗寺について，両寺の活仏の由来を紹介し，そのことを通じて，モンゴル仏教における禅浄の修行のありかたを明らかにしたい。

第２節　瑞応寺の活仏チャガン・ディヤンチ・ホトクトの禅浄の実践

モンゴルに仏教が伝来してまもなく，仏教を高揚するため活仏制度という継承形態が生まれた。モンゴル仏教の発展に大きな役割を果たした活仏たちは，大小寺院の多くにいる。モンゴルの仏教寺院のほとんどは活仏たちによって建立されたと考えられている。彼らはそれぞれの地域や村などにある森や山の中の洞窟で坐禅し，念仏して悟りを開き，そして多くの民衆に説法したり，病気などを癒したり，あるいは神通力を現わしたりしたと伝えられている。

本節では，このような活仏の活動の事例として，瑞応寺を開いた活仏チャガン・ディヤンチ・ホトクト・サンダン・サンボ（Cagan diyanci Qutugtu Sandan bzan bo，桑丹桑布，1633-1722。以下，チャガン・ディヤンチ・ホトクト）について紹介することにしたい。

中国で，チベットは「西蔵」と呼ばれているが，これに対し「東蔵」といえば，それは瑞応寺を指す。瑞応寺はまさに内モンゴル地方で最大の寺院である。このような瑞応寺に関しては昔から「有名的喇嘛三千六，無名喇嘛如牛毛」という口承が存在する。これは，有名な僧侶だけで3,600人がおり，名の知られない僧侶は牛の毛のように数えられないほどいる，という意味である。

以下は，モンゴル語で著された寺誌『瑞応寺[1]』によって見たい。清朝後半期，蒙古鎮（現在の阜新蒙古族自治県）には国に登録された仏教寺院（ulus dü neretei süm-e，格根蘇莫），県に登録された仏教寺院（qosigun süm-e），村に登録された仏教寺院（ai-l no süm-e）があわせて約300カ寺あったという。僧侶の数は２万人にのぼったが，瑞応寺だけで3,000人以上いたと記されている。また瑞応寺には，清の康熙42年（1703）に康熙帝がモンゴル語・チベ

瑞応寺

ット語・中国語・満洲語で記した「瑞応寺」という寺名の勅額を贈っており[2]，また瑞応寺の第１世の活仏であるチャガン・ディヤンチ・ホトクトに対しては，

Jegün gajar un monggol no ebugen Borqan..[3]

東土におけるモンゴルの長老仏

という称号を贈っている。

瑞応寺は，清の康熙８年（1669）から建設が始まり，およそ180年を費やして完成した。仏像は１万体以上を数え，内モンゴル東部地域の宗教，医学，文化などの中心地でもあった。しかし，1949年10月の中国解放後，とくに文化大革命などの影響やその打撃から，宗教活動はすべて禁止され，建物で残ったのはわずかに「大雄宝殿」だけであった。大雄宝殿が残ったのは食糧の倉庫として使用されていたからである。文化大革命のときには何千人もの料理を同時に調理できる銅製の大きな鍋を鋳つぶして，阜新市の中心地に毛沢東（1893-1976）の像を造らされたりもした。それは今日も残っている。このとき，活仏が居住した寺院は，仏寺鎮の役所とされ，西側の建物は仏寺蒙

古中学校に，東側の建物は郵便局に転用された。また，哲学修学の学問寺は仏寺小学校となり，関羽廟は仏寺病院となり，さらに医学修学の寺院は電力会社にされるなど，他の機関へと転用されたのであった[4]。

さて，モンゴル仏教において山や森に籠って修行を行なう行者を，モンゴル語でディヤンチ・ラマ（diyanci lhama）と呼んでいる。チャガン・ディヤンチ・ホトクトは，現在の遼寧省阜新モンゴル自治県佛寺の周辺にある山で修行したとされている。彼は多くの人々の信仰を受け，上述した瑞応寺を後に建立し，徐々に名声を広めた。こうして，チベット「西蔵」に対して「東蔵」と呼ばれるほどに，瑞応寺をモンゴルの仏教聖地へと高めたのである。

チャガン・ディヤンチ・ホトクトは，22歳から仏寺周辺にある村山のソボルガン・アグイ（soborgan agui）という洞窟で4年間修行し，またカダン・ホゾー（kadan hozou）という村にある洞窟で2年間，ムングンブル（müng-günbürü）という洞窟で6年間，イマガツ（imagatu）という洞窟で2年間，カダン・マイダリ（kadan mai dari）という洞窟で1年間，さらにカダルツ（kadartu）という洞窟において1年間，計16年間にわたって修行したが，そこで行なわれたのは坐禅と念仏であり，彼は母なる一切衆生を六道輪廻から解脱させるために，一心不乱にそれらの修行を実践したとされている[5]。

後に内モンゴル自治区にあるドメドジェグンホシグン（tümed jegün qo-sigün，土黙特左翼東旗）県の知事バイラ・ノヤン（bailanoyan）を始めとして，多くの仏教徒がチャガン・ディヤンチ・ホトクトに坐禅と念仏との修行を開いて仏教徒に説法（nom nomlaqu）するように願った。これに応じて，彼は慈悲心を起こして，坐禅と念仏とを開き，多くの衆生を利益するために説法を始めたと伝えられている。

ところで，そのころ，清朝の康熙帝は即位したばかりであった。康熙帝は国家をどのように治めたらよいか悩んでおり，自ら中国全土を巡察することにした。このことに関わって，寺誌『瑞応寺』にはエルジゲ・オヌン（eljige onun）という言葉が目につく。この言葉は，康熙帝が移動する際，驢に乗って巡察した，ということを意味しており，興味深い。康熙帝が現在の阜新モンゴル自治県仏寺鎮のシルフイン・アイル（sirqu in ail　沙日海音艾里）村を巡察していたとき，村人が結婚式を行なっている場面に出会った。康熙帝はこの村人がこの日に結婚式を行なうことを，自らの占いで見知っていたが，残念なことにこの日は凶日であった。そこで，康熙帝は結婚式を行なっている家を尋ねて，家の主人に「yamar kümün tan nu ene qorim kikü edür ki tülgeden ügkügsen boi?（誰がお宅の結婚日を占ったのか[6]）」と聞いたという。家の主人は隣山の洞窟に籠って坐禅と念仏をしているエルダムツ・ラマ（erdamtU lara　高僧の意。以下の「高僧」はチャガン・ディヤンチ・ホトクトのことを指す）の名をあげた。康熙帝は，その家の結婚の祝いの馳走にあずかってから，山の洞窟に籠って坐禅と念仏を修行している高僧を尋ねた。洞窟で康熙帝は坐禅と念仏を修行している高僧に対して「emüne ail no nige ger un bari bagülgan abcu baiga edür ki ta tülgedaen üjegsen u-? ene edür demei üljeitü edür bosu, yagakin i-mu edür ki songgugsan boi?（南にある村の家の結婚日を尊者が占ったと聞いた。しかし私の考えでは，この日は最悪で，吉祥日ではないように思われる。なぜ，尊者がこの日を選んだのか[7]）」と訊ねた。これに対して，高僧は次のように返答したという。「ene edür ketüi üljei boso edür bolbacu altan oton ene ger ki gereltügülün soyorqaqu tola yamar üljei boso ucir baibacu arilugad üljei amugulang bolqu yom（この日はいかにも，吉祥ではないが，金星〈康熙帝のことを指す〉がこの家を照らしてくださるから，いかなる不吉なことがあっても，すべてが吉祥に転じて幸せになるはずである。これは間違いがない[8]）」。このような高僧のことばを聞いて康熙帝は，彼をおおいに尊敬し，その後もさらにさまざまなことについて話しあったという話が残っている。

また，ダルカン・ホシグン（darqan qosigun，現在の内モンゴル自治区通遼市の科左中旗）のチンワン・エボ（cin wang efo，日本の市長に相当）王は，病気になったため，あちらこちらで治療を試みたものの，なかなか全快しなかった。そこで家族に訊ねたところ，山の洞窟で坐禅と念仏を実践している一人の高僧がおり，多くの村人の難病を癒しているということを知った。チンワン・エボ王は，山の洞窟にこの高僧を尋ね，病気の平癒を願ってみたところ，体調がみるみる快復したという。この高僧はチンワン・エボ王の信仰を受け，篤く尊敬されたという。

このように，高僧であるチャガン・ディヤンチ・ホトクトは長年にわたって坐禅と念仏とを実践し，その結果として清朝の康熙帝を始め，地元の王や多くの民衆の信仰を受けることができたのであった。やがて説法する場所として寺院の建立が要請され，地理的に北と東西に山があり，南に河がある聖地を選び，地元の王を始め，多くの民衆の理解と協力を得て寺院の建立が開始されたのであった。彼は清朝の康熙16年（1677），ダライ・ラマ5世ガワンロサンギャンツォ（ṅag dbaṅ blo bzaṅ rgya mtsho，阿曜・羅桑加措，1617-82）から「Cagan diyanci Qutugtu」チャガン・ディヤンチ・ホトクトという聖号を賜ったとされている[9]。

瑞応寺の寺名は，清朝の康熙42年（1703），康熙皇帝は活仏への感謝の意を込めて，モンゴル語・チベット語・中国語・満洲語で表記した「瑞応寺」という寺名の勅額を贈ったことに始まる。後に釈尊の教えをモンゴル語に翻訳した『大蔵経』を，北京から瑞応寺に請来したとされる。こうして徐々に東モンゴルの地域で最大の伽藍になり，寺の周辺20キロメートルにわたって1万体の石仏像が造られた[10]。東モンゴル地方の宗教，医学，文化交流の中心となった瑞応寺は，中国東北地方で最大の仏教寺院として知られ，チャガン・ディヤンチ・ホトクトから現在に至るまで7世にわたって継承されている。『阜新蒙古族自治県民族志』によれば，さらに清朝の道光4年（1824），清朝の理藩院は第4世チャガン・ディヤンチ・ホトクト活仏（1753-1834）に対して，満洲語・モンゴル語・チベット語で彫った「tümed un jasag da lhama Cagan diyanci Qutugtu in tamaqa，東土默特札薩克達喇嘛察第顔斉呼図克図之印」（東モンゴル地方の聖なる高僧チャガン・ディヤンチ・ホトクト活仏）という印鑑を贈ったと記録されている[11]。

第３節　梵宗寺の丹迴・冉納班雜活仏の禅浄の実践

内モンゴル自治区赤峰市梵宗寺寺主である丹迴・冉納班雜活仏５世（以下，丹迴・冉納班雜活仏）は，内モンゴル自治区をはじめ中国の東北三省，北京周辺でも，活仏として尊崇されている。そして，中国蔵語系高級仏学院（チベット仏教大学）の教務所長，中国仏教協会理事であり，承徳市普寧寺名誉住職にもなっている。

丹迴・冉納班雜活仏は，12年間にわたって坐禅と念仏の修行を行なったと伝えられている。私が訊ねたところ，丹迴・冉納班雜活仏は12年間横になって寝たことがないという。とくにここで説明しておきたいのは，中国の解放（1949年10月）後，中国では多くの運動が行なわれた時のことである。当時は，僧侶が「喇嘛教粛反運動」や「牛鬼蛇神」などという名目で捕まって被害を受けたりした。本来であれば，丹迴・冉納班雜活仏もそうした被害を受けなければならない一人であった。しかし公安部の警察は，彼を捕えることができなかった。というのも，モンゴル仏教徒の話では，警察が丹迴・冉納班雜活仏を逮捕しようとしてやって来ると，その直前に彼は気づいて，警察が現われる場所から消えてしまったからという。これは彼が仏教の教えにある，いわゆる「他心通」を得ていたからであり，その瞬間その場所で何事でも即座に判断できたためとされている。

丹迴・冉納班雜活仏は，チベットで９世に伝生したとされる。チベット自治区ラサ市にある色拉寺のグンガノルポ（Kun dgaḥ ḥor po，貢噶俄日布，1754-1818）活仏は，ダライ・ラマ８世ジャムバルギャンツォ（ḥJam dpal rgya mtsho，隆朶嘉措，1758-1804）の信書をもって，内モンゴル自治区赤

中国社会科学院世界宗教研究所の梵宗寺訪問にて

峰市梵宗寺のある翁牛特旗に来て，諸悪を降伏し，幸福を祈禱したとされる。こうして，グンガノルポ活仏は，多くのモンゴル人の信仰を受け，梵宗寺の第1世活仏として招請されることとなった[12]。グンガノルポ活仏は，ジャンジャ・ホトクト（Zang skya Rol paḥi edo rje ye śes thob paḥi bsod nams dpal bzaṅ po，章嘉・羅頼畢多爾吉耶喜忒皮嚼納曼伯拉森波）の経師（師匠）を勤めたことがある。ジャンジャ・ホトクトは，内モンゴル地方や中国の東北三省，北京で最大の活仏である[13]。

文化大革命終結後，1978年12月18日の第11期第3回中央委員会全体会議（中共十一届三中全会）における全国宗教政策の発表によって，活仏や僧侶は自由になり，ともに一般中国人の一人として認められるようになった。新しい宗教政策の実施によって，中国の宗教活動は，地方でも次第に回復していった。とりわけ中国の対外解放政策の発表によって，大都市の寺院の再建や，僧侶の募集などさまざまな活動が行なわれるようになった。

そのようななか，丹迴・冉納班雜活仏は仏教学だけでなくモンゴル医学にも精通していたので，内蒙古医学院にモンゴル医学の教授として招聘され，また阜新モンゴル自治県にあるモンゴル医学研究所の教授として招聘され，さらに内モンゴル自治区にある通遼モンゴル民族医学院にも招聘された。文化大革命終結後であったため，モンゴル仏教の特徴である医学を方便として仏教を高揚するよう努力し，また仏教芸術であるチベット仏教とモンゴル仏教の曼荼羅についてもたいへん深い研究を成し遂げた。

中国蔵語系高級仏学院は，中国仏教協会名誉会長である第10代班禅大師（パンチェン・ラマ）と中国仏教協会の前会長趙樸初の唱導によって，中国共産党と国務院との許可を得て創設されたチベット仏教最高の大学である。開学は1987年９月１日，北京のチベット仏教寺院である名刹西黄寺において行なわれた。じつは，丹迥・冉納班雑活仏は文化大革命の最中に，パンチェン・ラマと連絡を取っていたとされているが，仏教でいう神通力で行ったり来たりしたと考えられる。こうして，中国蔵語系高級仏学院（チベット仏教大学）を創立する準備段階から，パンチェン・ラマの招聘によってさまざまな準備に尽力していたのであった。そして丹迥・冉納班雑活仏は，モンゴル仏教の活仏第一人者として入学し，卒業後，そのままチベット仏教大学に教務処（所）長として採用された。

中国蔵語系高級仏学院は，チベット地方とモンゴル地方の転世活仏と，それぞれの寺院で推薦された青年学僧を迎えている。筆者は当大学第３期生である。ただ当時，モンゴル人は１学年45人中３，４名に過ぎなかった。活仏の存在はチベット・モンゴル仏教思想の基である。活仏中心のこの大学ではチベット・モンゴル仏教の種々の教義，および中国仏教について研究することができる。とくに現在では，さまざまな機関を経て活仏に指名された者も，チベットであれ，モンゴルであれ，各地方で一定期間修行した後，最終的にこの中国蔵語系高級仏学院に入学しなければならない。卒業時にパンチェン・ラマの印章を押した卒業証明書を授与されることで，初めて「転世活仏」とされ，「転世真者」として内外に認知されることになる[14)]。

20世紀初頭に始まる中国大陸を舞台とした戦乱，それに続く文化大革命が終結するまでの国内の混乱によって，56を数える中国諸民族固有の民族文化や，諸民族固有の宗教信仰は甚大な被害を蒙った。丹迥・冉納班雑活仏の梵宗寺もその例外ではなかった。梵宗寺のすべての活動は禁止され，食糧倉庫としての「大雄宝殿」だけが残されただけであった。

1987年には，梵宗寺は寺主である丹迥・冉納班雑活仏に返還された。そして復興の準備や支援金などを国際的に募集した。1998年に，多くの国内外の理解と協力を得て，中国人民元で約1,200万人民元（日本円で約1億5千万円）を投入して梵宗寺の修復工事が始まった。修復されたものは以下の通りである。

梵宗寺の広場・天王堂（日本仏教寺院の山門に相当）・鼓楼・鐘楼・客殿・僧舎・転経堂・関帝堂・羅漢堂・五大金剛堂・大雄宝殿（本堂）・延寿三尊堂・大蔵経堂・弥勒堂・時輪金剛堂・二十一度母堂。

そして，僧侶育成のために境内に，教室・図書室・医学室・パソコン室なども新しく建立された。将来はモンゴル仏教大学を設立することを予定している。現在，梵宗寺の規模は内モンゴル地方で最大のモンゴル仏教寺院として知られ，内モンゴル自治区の重要文化財となっており，約25名の僧侶が修行している。

僧侶たちは，毎朝4：30に起き，6：30まで所定の朝課を勤め，坐禅と念仏の修行を厳修している。7：00から7：30までは朝食の時間であり，8：00から10：00まで大雄宝殿において法要を執り行なう。10：10から12：00まで仏教学などの授業を受け，12：00から14：00までは，昼食と休憩の時間である。14：00から17：30までは語学の授業であり，モンゴル語，チベット語，中国語，英語などを勉強している。18：00から18：45までは夜の食事の時間であり，19：00から19：30まではテレビニュースを見る時間とされている。19：30から21：30までは坐禅や念仏の時間とされている。22：00が就眠の時間と決められている。

中国の解放以前は約500名の僧侶が修行していたと伝えられている。[15)]

1998年４月，愛知県仏教会（前会長の岩田文有師）の招聘を受け，丹迥・冉納班雜活仏を始め，モンゴル仏教の活仏２名が来日し，仏教会や大学などで「草原の祈り――モンゴル仏教を聞く」という形で記念講演会や交流会などを実施した。愛知県仏教会の想念寺副住職の渡辺観永師のご協力によるものであり，モンゴル仏教の活仏が２名揃って来日するのは有史以来，初めてのことであった。その後，表敬訪問という形で愛知県仏教会の主催によって，43名の仏教会員と檀信徒とが，岩田文有会長を団長として北京雍和宮・チベット仏教大学・内モンゴル自治区の首府にある仏教寺院を訪問し，また承徳市普寧寺でモンゴル仏教僧侶と日本仏教僧侶との共同法要を開催することができたことも，史上初の快挙であったといえる[16)]。

第４節　結　語

モンゴル仏教の僧侶は，坐禅と念仏との修行を成就しなければ，密教でいう阿闍梨にはなれないとされる。

私が修学した雍和宮[17)]でも，毎年「閉関，sam dur sogoqu」と呼ばれる坐禅と念仏とを行なっていた。多くのモンゴル仏教の僧侶は，毎朝2：30頃から，坐禅と念仏とを厳修していた。このなかで特筆したいのは，102歳で往生したゲトン（dge ḥdun）長老のことである。ゲトン長老は，小さい時から雍和宮に入って仏教を修学してきた。1981年，私が雍和宮に入ったとき，ゲトン長老は雍和宮の経頭であった。ゲトン長老は，毎朝2：30から5：30まで坐禅と念仏との修行を実践し，休むことがなかったと聞いている。雍和宮の毎朝の勤めは，朝6：00から7：30まで，法輪殿で，80名のモンゴル仏教の僧侶によって厳修されている。

ゲトン長老は，往生する３日前に弟子に，「私は３日後に往生するので，新しい袈裟を準備して下さい」と頼んだという。弟子は，ゲトン長老が，とても元気だったため，冗談を言っていると思ったものの，長老の言うとおりに雍和宮の住職に報告した。住職は，とりあえず新しい袈裟を準備するように指示した。3日後，ゲトン長老は新しい袈裟を着用して坐禅を組んで念仏したまま往生した。その時，筆者は日本に留学中であった。

すべての人々は「眼横鼻直[18]」の教えのように，心を定め，心を清らかにして一心不乱に坐禅と念仏とを修行すれば，善悪を判断する智慧が生じると考えられる。そうしたうえで，「人となる道」を日常生活のなかで達することは夢ではない。中国仏教の高僧たちは，説法に際して，常に「人成則仏成」と教えている。これは，人は仏教の教えである「十善」を基本として毎日の生活を送れば，罪を滅し，善を積むことによって成仏の道が見えてくる。今日，世界大都市の人々の生活はとても忙しい。しかし，だれでも毎日，5分から10分程度の時間をさくことは可能であろう。そこで，「眼横鼻直」の教えのように坐禅と念仏とを行なえば，毎日の生活が充実してくると思われる。ノーベル賞を授与された東京大学の小柴昌俊氏が，いろいろな講演会でいつも「人はやればできる」と教えているように，仏教の教えも実践することによって仏教の坐禅と念仏との真理を体得できることは間違いないと思われる。

仏教の僧侶は，民衆の協力なしに悟りを得るなどあり得ないことである。

『大モンゴル禅人宰相耶律楚材』によれば，洞山禅師の「平常底」とは，「寒くなったら暖かにする，暑い夏には涼をとる，渇いたら飲む，飢えたら食べる，閑があったら禅をする，眠くなったら眠るである。無心，調心，平常心，平常底，坐禅と念仏などと表現は異なるが，その意味に違いはない。ただ世法に活用できるか否かが問題で，その評価も違ってくるだけのことである」とのことである[19]。

たとえば，原始仏教の時代の比丘たちは，坐禅し，そして，民衆の家に托鉢していたことは周知の事実である。

原始仏教研究の大家である前田惠學博士は，「上座仏教で一人の修行者が，悟りを求めて洞窟に入り修行するとする。実は一人で洞窟に入っても，そのあと困ってしまう。食事をどうするのか。上座仏教の修行者は戒律の問題があって，自分で食事を作ることができない。薪を焚こうとして，もしも薪の中に虫が入っていたら，殺生戒を犯すことになる。だから，食事は在家信者の家から布施してもらうのである。南方の国々で僧侶たちが毎朝托鉢に出るのはそのためである。だから修行者は，洞窟に入る前に在家信者の家に行って，これから修行したいと思うが食事を毎日運んでもらえるかと頼む。了承を得た上で，洞窟の修行に入るのである。とにかく在家の人の援助がなければ，一人で修行することなど事実上不可能なことである」と考えておられる[20]。

ちなみに，チベット仏教の有名な「即身成仏」である行者ミラレーパ（Mi la ras pa，米拉日巴，1040-1123）も，雪山の洞窟で坐禅と念仏を行なった際，実の妹が食事を運んでいたと伝えられる。

上述したモンゴル仏教の瑞応寺第１世の活仏チャガン・ディヤンチ・ホトクト・サンダン・サンボも，梵宗寺の丹迴・冉納班雑活仏も，多くのモンゴル仏教徒の協力があって坐禅と念仏を修行し実践することができたと考えられる。こうして解脱し，ないし悟りを得，最終的に民衆救済の菩薩行を行なうことができたと考えられる。だから，モンゴル仏教の教えでは，一切衆生は，解脱・成仏するための「福田」（boyan no oron）であると，感謝を込めて廻向するのである。こうして，悟りを開いた活仏も，「慈・悲・喜・捨」（mettā karuṇā muditā upekkhā）による知恩・報恩・感謝をもって再び娑婆世界に「乗願再来」すると，モンゴル仏教徒に信仰されているのが，モンゴル仏教徒の宗教意識であると考えられる。

註

1）　陶克通嘎等編『瑞応寺（*Togtonga, Gaiqamsig joqiragulugci süm-e*）』（中国内蒙古文化出版社，1984年）10～13頁。現在，瑞応寺で約60名のモンゴル仏教の僧侶が修行を厳修している。

2）　前掲註１『瑞応寺』30～31頁。

3） 前掲註１『瑞応寺』1984年11頁。
4） 項福生主編『阜新蒙古族自治県民族志』（中国遼寧民族出版社，1991年）94頁。
5） 前掲註１『瑞応寺』23頁。
6） 前掲註１『瑞応寺』24頁。
7） 前掲註１『瑞応寺』25頁。
8） 前掲註１『瑞応寺』25頁。
9） 前掲註１『瑞応寺』26頁。
10） 前掲註１『瑞応寺』31頁によれば，活仏が一生懸命に国家と民衆のために智慧を果たしたことに対する記念として贈ったと記載されている。
11） 前掲註４『阜新蒙古族自治県民族志』94頁。
12） 『梵宗寺』（2001年）。
13） 詳細は，拙稿「チベットとモンゴル仏教における活仏の由来」（『同朋大学仏教文化研究所紀要』21，2001年）19～49頁。
14） 那倉主編『十年歴程――慶祝中国蔵語系高級仏学院建校十周年』（中国宗教文化出版社，1997年）。
15） 張嶸「塞外名刹梵宗寺」（『当代中国』当代中国画報社，2004年６月号）24～25頁。
16） 丹迴・冉納班雑活仏たちの訪日について，『京都新聞』1998年４月７日号に「モンゴル仏教交流で盛んに」，また『週刊仏教タイムス』1998年４月７日号に「内モンゴル僧が入洛，西本願寺などを訪問」など報じられたほか，中外日報，中日新聞などにも記事が掲載された。
17） 北京雍和宮の詳細は，拙稿「文化大革命後のモンゴル仏教の様態――北京市雍和宮と承徳市普寧寺を中心として」（『パーリ学仏教文化学』16，2002年）を参照されたい。

文化大革命以前の北京には，モンゴル仏教寺院は38カ寺があった。文化大革命の最中に38カ寺のうちの37カ寺が破壊され，唯一残ったのは北京雍和宮だけであった。文化大革命の最中に，中学生や高校生を中心とした紅衛兵が雍和宮を壊しに入ってきた。この情報を，当時の住持である高全寿師が直接，周恩来総理に電話で報告した。周恩来総理は，すぐに部下の韓念龍秘書を雍和宮に派遣し，紅衛兵を説得した。周恩来総理のお蔭で雍和宮は幸存することができた。雍和宮だけが残ったのは，こういう理由からである。1978年12月の第11期第３回中央委員会全体会議で，新しい中国の宗教政策が発表された。３年後の1981年には，雍和宮で法要を始めとして仏教活動が再開された。

18）東隆真「眼横鼻直」（『大法輪』2004年４号）21頁。

19）飯田利行『大モンゴル禅人宰相耶律楚材』（柏美術出版社，1994年）26～27頁。

20）前田惠學『前田惠學集――仏教とは何か，仏教学はいかにあるべきか』第２巻，山喜房仏書林，2003年）71～72頁。

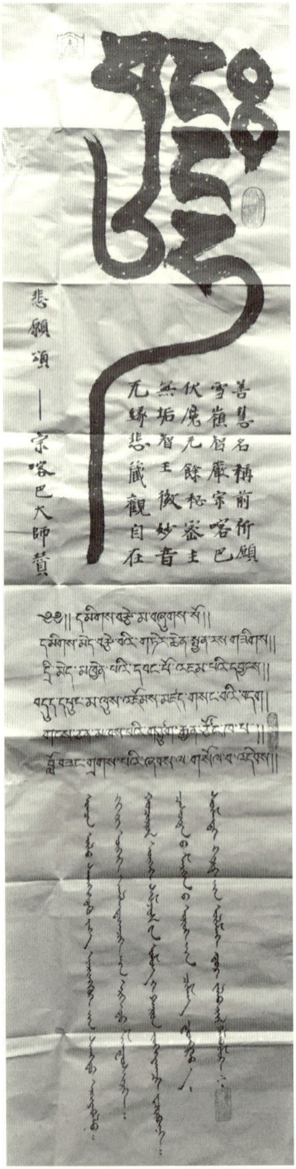
悲
善慧名稱前所願
雪嶺智藏宗喀巴
伏魔无餘秘密主
無垢智王微妙音
无緣悲藏觀自在
悲願頌 —— 宗喀巴大師讚

蔵漢蒙悲願頌（筆者 書）

第4章

モンゴル仏教における「朝課」の研究

第1節　序　言

仏教，とくにモンゴル仏教では，いつから「朝課」の勤行があるのか。世界中の仏教寺院で，僧侶全員が一堂に会して朝課の勤行を行っているのか。仏教の信者はどうして寺院にお参りして，僧侶にお経を念誦してもらうのか。これらは，いつでも私の頭を離れない疑問である。

「モンゴル仏教における朝課の研究」として，これらの問題をすこしく追究してみたい。

モンゴルの仏教寺院ではほとんど，毎朝5時30分から朝課が行なわれている。法会に先立って，若い僧侶が「悲願頌」，すなわちチベット仏教ゲルク派の開祖ツォンカパ大師を讃える「宗喀巴大師讃（dmigs brtse ma)」をチベット語で，大きな美しい声で唱え始める。

dmigs med brtse baḥi gter chen spyan ras gzigs //
dri med mkhyen pahi dbaṅ po ḥjam paHi dbyaṅ //
bdud dpuṅ ma lus ḥjoms mdsad gsaṅ baḥi bdag //
gaṅ can mkhas paṅ gtsug rgyan tsoṅ kha pa //
blo bzaṅ grags paḥi shabs la gsol ba ḥdebs //[1)]
（無縁悲蔵観自在，無垢智王微妙音，伏魔無余秘密主，雪嶺智厳宗喀巴，

朝課の様子

善慧名称前祈禱。)

一切平等，慈悲の大蔵である観世音菩薩，

清浄なる智慧を具足した文殊菩薩，

一切の魔軍を調御，降伏した金剛手秘密主，

雪山チベットの智慧で荘厳したツォンカパ，

名は賢慧称の足下に祈禱する，と。

モンゴルの仏教寺院において，法会に先立ち「悲願頌」を唱えるのはなぜか。私は以前，モンゴル仏教の大本山である北京の雍和宮の高僧イェシナデムダ（Ye śes nad med，当時88歳）師にその理由を尋ねた。尊師によると，仏教に縁ができて帰依し，そして仏教徒になれたのは，すべて上師の導きによるからであるという。モンゴル仏教ではそうしたツォンカパ大師の恩徳を祈念して，法会が始まる前に，必ず「悲願頌」を唱えることにしているとのことである。

『開勝道門誦（*lam mchog sgo hbyed ces bya ba bshugs so*）』に，

Yon tan kun gyi gshir gyur drin can rje // tshul bshin bsten pa lam gyi rtsa bar u // ligs par mthoṅ nas ḥbad pa du ma yis// gus pa chen pos bsen par byin gyis rlobs //[2)]

（恩師是諸功徳本，如理奉行即道因；善見精進菩薩行，加持願令勤奉侍。）

恩師は諸々の功徳の本であり，奉行する理法が仏道の根本になり，善見にして菩薩行に精進し，大切に信仰し依頼するように加持し奉る。

とある。

毎朝，僧侶全員が揃って勤行する理由は，第1は仏教の伝統的な修行法だからである。第2は，「朝暮不軌，猶良馬無繮[3)]」のように，朝は1日の生活と仕事の始まりだからである。毎朝，僧侶は仏典を念誦することによって，「依法為師」（仏法を師と）し，「行住坐臥」（生活）を戒めている。第3は，僧侶による法会には殊勝な功徳があるからである。仏教が説く「僧」とは団体を指す。四名の比丘以上を「僧」という。仏弟子である僧侶には，多年にわたって戒律を守り，三学である戒・定・慧による修行を積み重ねてきた功徳がある。このような僧が何十人，何百人の集団で執り行う朝課の法会は，したがって法力無辺であり，一切衆生を救済する無上の功徳となる。

信者がわざわざ仏教寺院を訪れ，自分と家族，さらに一切衆生の「離苦得楽」のために，僧侶に祈禱と読経を厳修してもらうのは，無量の功徳になると考えられている。

『兜率天上師瑜伽法（*dgaḥ ldan lha brgya ma bshugs so*）』は，次のように記述している。

Śes byahi khyon kun ḥjal bahi blo gros thugs // skal bzaṅ rna bahi rgyan gyur ligs bśad gsung // grgs paḥi dpal gyis lham mer mdses paḥi sku // mthoṅ thos tran pa don ldan la phyag ḥtshal //[4)]

（徧量所知明慧意，賢士耳厳善説語；名称赫耀瑞厳身，見聞憶念益敬礼。）

密教の上師の「心」は，無量の智慧に溢れている。「語」は，賢士の耳で荘厳された善語である。「身」は，光り輝く瑞厳の身であり，見ること，聞くこと，思うことによる利益を賜わる上師に礼拝し奉る。

だから，密教に説く上師の「身，語，心」は，すぐれた功徳を積んでいる高僧のそれである。だから，信者は，すぐれた僧侶による法会を依頼することが娑婆世界の人々にとって非常にすぐれた福徳になると考えているのである。

第2節 「朝課」に用いる経文と願文の由縁

モンゴル仏教寺院で「朝課」に用いる経文には，

『帰依発心儀軌（*skyabs ḥgro sems bskyed bshugs so*）』

『兜率天上師瑜伽法（*dgaḥ ldan lha brgya ma bshugs so*）』

『聖救度仏母二十一種礼賛（*rje btsun ḥphagas ma sgrol ma la bstod pa bshugs so*）』

『白度母賛（*sGrol dkar bstod pa*）』

『般若波羅蜜多心経（*bCom ldan ḥdas ma śes rab kyi pha rol tu phyin paḥi sñing po bshugs so*）』

『大白傘蓋（*gdugs dkar bsdu ba*）』

『釈迦牟尼仏賛（*skabs gsum pha bshugs so*）』

『普賢菩薩行願品（*ḥpags pha bZang pho spyod paḥi smon lam gyi rgyal po bshugs so*）（等五大願）』

『阿弥陀仏呪文（*tShe dpag med la bstod pa*）』

『薬師仏呪文（*Saṅs rgyas sman blaḥi gzuṅs*）』

『観世音六字真言（*thugs rje chen poḥi gzuṅs*）』

『供養護法文（*mgon chos lha gsum gyi gtor ḥbul*）』

『関羽賛文（*gabn loye bsaṅ mchod*）』

『祈求運気亨通神香供養（*rlung rtaḥi bsaṅ mchod ces bya ba bshugs so*）』

などがある。[5]

寺院の僧侶全員が朝課に参加し勤行する目的は「続仏慧命」とし，釈尊の教えを継承し，「依法為師」の教えによるためである。釈尊は『大般涅槃経(*Parinibbāna Sutta*)』c14. に次のように述べている。[6]

Attaḍīpa viharatha attapatisaranā

Dhammaḍīpā viharatha, dhamma patisaranā, n'āññapatisaranā.

「自帰依自灯明，法帰依法灯明[7]」の伝統から，僧侶は「学仏行仏」の方針をもって一切衆生を煩悩から解脱しなければならないという，「慈悲喜捨」の大願大行の菩薩行を実行している。

ところで，モンゴルで信仰されている仏教の最大の特徴は，僧侶のありようにある。モンゴルでは，僧侶は仏・菩薩の再来とされている。仏・菩薩の再来である僧侶のなかに上師があり，上師のなかに活仏がある。上師や活仏を含めた僧侶に篤い信仰を寄せるのがモンゴルの仏教徒である。モンゴルの仏教徒とは，仏教でいう四衆弟子から成る。モンゴル語では，比丘をアヤガ・タヒリク（ayaga takimlig），比丘尼をチバガンチャ（cibaganca），男居士をウルディィ・シトゥゲン（eregtei sitügen），女居士をウームクディィ・シトゥゲン（emegtei sitügen）という。こうして釈尊（仏）と，釈尊の教え（法）と，仏・菩薩の再来としての僧侶という仏・法・僧が備わった。モンゴル仏教では，これに上師を加えて「上師・仏・法・僧」とする。これが「四宝」である。[8]

仏教がモンゴルの地に伝来した後，寺院は民衆にとって，浄土であると信じられてきた。高僧たちを「仏・菩薩」の再来であると信じ，モンゴル人はこれらの高僧をモンゴル語でホトクト（Qugtu，呼図克図）と尊称してきた。[9]ホトクトは煩悩を断滅して浄果に達した聖者のことをいう。これらのホトクトに帰依し，祈念すれば，今生で無事に月日を送り，幸せに生活することができるとされる。死後は，生死流転の世界を離脱し，聖なる仏国・極楽浄土などに往生することができると信じられている。また，一般のモンゴル人は，自分たちは日常生活のなかで，知らない間に多くの罪悪を造っており，その罪悪を浄化するために浄土である寺院を訪れ，僧侶に懺悔の儀式を願い，また自分たちの家に僧侶を招いて読経してもらったりする。民衆が僧侶に依頼して経典を読誦してもらう理由は，上述したようにモンゴル仏教では，僧侶が，釈尊に代わって釈尊が説いた教えを民衆に読誦することにある。民衆は，日常生活の中で，知りながら，あるいは，知らない間にいろいろな罪悪を造っているから，修行を達成している僧侶によって法要を行なってもらえば，必ずその罪悪を浄化することができると確信している。もし，僧侶にこのような能力ができていなければ，民衆はわざわざ浄土であるとされる仏教寺院を訪れ，僧侶に「ご祈禱の法会」と「懺悔の儀式」などを依頼する必要がないものと考えられる。僧侶は，民衆の願いを叶える責務があり，こうしないと釈尊の弟子ではあり得ない[10]。

モンゴル仏教の重要な修行法の一つ特徴は，母なる一切衆生を聖なる幸福田であると考えるところにある。一切衆生を自分の今生の父母，兄弟，姉妹であるように愛し，助け合わなければならないと考えている。こうすることによって，成仏の条件の一つである「福徳資糧」を得る修行の重要な機会になると信じている。

こういう意味から，モンゴルの地の母親にとっては，自分の子が僧になることは，「金の塔」(altan suburga) を造ることと同等であるとされる。僧になった子が，母なる一切衆生に利益することは，母親の最高の光栄であるとされている。

『釈迦牟尼仏賛 (*skabs gsum pha bshugs so*)』に，

ston pa ḥjig rten khams su byon pa daṅ // bstan pa ñi ḥod śin tu gsal ba daṅ // bstan dsin bu slon śin tu mthun pa yi // bstan pa yun riṅ gnas paḥi bkra śis śog //[11]

(一切諸仏興於世，聖教顕明如日光；持教相和如兄弟，願施正教恒吉祥。)

一切の諸々の仏は世を興し，聖なる教えは日光の如く明らかであり，仏教に帰依している人は相和し，兄弟の如くであり，正しい教えは常に吉祥であることを願う。

と記述されている。

諸仏・菩薩は，それぞれの「本願」と「誓願」を立てている。人々を救済し，人々を護り，人々の願いを円満させている。衆生はいろいろで，それぞれにそれぞれの願いがあるから，モンゴル仏教寺院で仏教の「対機説法」の方便により，つまり，病気の原因によって治療する方法をいろいろ変えて人々の願いに合わせて法会を執り行っている。

『帰依発心儀軌（*skyabs ḥgro sems bskyed bshugs so*）』に，

Dkon mchog gsum la bdag skyabs mcḥi// sdig pa thams cad so sor bśags // ḥgro baḥi dge la rjes yi raṅ// saṅs rgyas byaṅ chub yid kyis bzuṅ//[12)]

(諸仏妙法衆中尊，乃至菩提我帰依；我行施等諸善根，為利有情願成仏。)

諸仏，妙法，僧侶たち，私は菩提まで帰依し，私が行った施，すなわち布施，持戒，忍辱，精進，禅定，智慧の六度の諸善根をもって，生けるものすべての利益のために成仏を願い奉る。

と記述されている。

以上は，帰依と発菩提心である。これは，仏教徒の基本的な厳行の修持である。顕教だけでなく密教においても，仏教に帰依した仏教徒は，必ず念誦しなければならない。密教では，三帰依の上に上師にも帰依しなければならない。それは，密教では，「仏・法・僧」があっても，上師が，三宝の素晴らしい功徳と法による解脱の道などを詳しく教えてくれないと，恐らく人々は，仏教には縁がないと，モンゴル仏教で考えている。

『帰依発心儀軌（*skyabs ḥgro sems bskyed bshugs so*）』に，

Sems can thams cad bde ba dang bde baḥi rgyu daṅ ldan par gyur cig / sems can thams cad sdug bsnal dang sdug bsnal gyi rgyu daṅ bral bar gyur cig / sems can thams cad sdug bsnal med paḥi bde ba daṅ mi ḥbral bar gyur cig / sems can thams cad ñe riṅ chags sdaṅ gñis daṅ bral baḥi btaṅ sñoms la gnas par gyur cig[13] /

（願諸有情具足安楽及安楽因，願諸有情永離苦悩及苦悩因；願諸有情永不離失無苦之楽，願諸有情遠離愛悪親疏住平等捨。）

諸々の生けるものは，安楽及び安楽の因を具足することを願い（発慈心），諸々の生けるものは，苦悩及び苦悩の因から永遠に離れることを願い（発悲心），諸々の生けるものは，永遠に無苦の楽から離れ失なうことがないことを願い（発喜心），諸々の生けるものは，愛悪親疏を遠離し，平等に住することを願い奉る（発捨心）。

と四無量心を記述している。

『般若波羅蜜多心経（*bCom ldan ḥdas ma śes rab kyi pha rol tu phyin paḥi sñing po bshugs so*）』は，

De lta bas na bden par śes par byas te/ śes rab kyi pha rol tu phyin pahi snags/ rig pa chen poḥi snags/ bla na med med paḥi snags/ mi mñam

pa daṅ mñam paḥi snags/ sdug bsnal thams cad rab tu shi bar byed paḥi

snags/ mi brdsun pas na bden pa śes par bya ste //

（故説般若波羅蜜多呪，是大神呪，是大明呪，是無上呪，是無等等呪，能除一切苦呪，真実不虚」。）

だから，真実であると信じるべきであり，般若波羅蜜多呪であり，大神呪であり，大明呪であり，無上呪であり，無等等呪であり，一切の煩悩を徹底的に消滅することができる真言（呪）であり，だからこそ，嘘ではなく，誠に真実であると信じるべきである。

bdag cag dpon slob yon mchod hkhor daṅ bcas pa rnams kyi dam paḥi chos zab mo grub pa la bar du bcad pahi bgegs dang mi mi mthun paḥi phyogs thams cad ḥphags pa dkon mchog gsum gyi bkaḥ bden

緑度母（ターラ菩薩）

paḥi stobs kyis phyr zlog par gyur cig / med par gyur cig / shi bar gyur cig / rab tu shi bar gyur cig / dgra thams cad byams paḥi sems dang ldan shiṅ/ bgegs bar chad thams cad śanting ku ru ye sbaḥ lha// bgegs rigs stoṅ phrag brgyad cu shi ba daṅ / mi mthun gnod pahi bgegs daṅ bral ba daṅ // mthun par gyur cig phun sum tshogs gyur paḥi // bkra śis des kyaṅ deṅ ḥdir bde legs śog //[14)]

（又云，我等師徒施主及眷属修習甚深妙法時，中断障碍以及諸逆縁承蒙三宝之妙語真実力普令回遮之，消除之，息滅之，悉皆息滅之；諸敵転成具足慈悲心，障碍中断悉消除，一切成吉祥如意。八万障類皆息滅，遠離違碍之加害，成就円満諸順縁，以此吉祥現呈瑞。）

私たち，師徒，施主，及び眷属は，甚深なる妙法を修行するに際して，中断と障碍及び諸々の逆縁を，三宝の聖なる妙語である真実力によって普ねくこれを断ち，これを消除し，これを息滅し，これをみなことごとく息滅する。諸々の敵も，慈悲心を具足し回転し，すべての障碍と中断を消除し，一切は吉祥如意を成ず。八万の障害はすべて息滅し，違碍による加害を遠離し，諸々の順縁を成就し円満し，これをもって吉祥は善楽になることを願い奉る。

と記述している。

『聖救度仏母二十一種礼賛（*rje btsun ḥphagas ma sgrol ma la bstod pa bshugs so*）』は，

Lha mo la gus yaṅ dag ldan pas // blo lan gaṅ gis rab daṅ brjod de // srod daṅ tho raṅ laṅs par byas nas // tran pas mi ḥjigs thams cad rab ster // sdig pa thams cad rab tu shi bas // nan ḥgro thams cad ḥjoms pa ñid ḥthong // rgyal ba bye ba phrag bdun rnams kyis // bu ḥdod pas ni bu thob ḥgyur shi // nor ḥdod pas ni nor rnams ñid thob // ḥdod pa thams cad thob par hgyur la // ḥgegs rnams med cing so sor ḥjoms ḥgyur //[15)]

（救度尊処誠信礼，是故賛嘆根本呪，毎晨早起夕時礼，憶念施諸勝無畏，一切罪業尽消除，悉能超越諸悪趣，此等速能得聡慧。欲乞男女得男女，求財宝位獲富饒，善能円満随意願，一切障碍不能侵。）

ターラ菩薩に心から誠に信頼し奉り，智慧がある人々は誰でも本当に念誦し，朝は起きてから夜は寝る前に，念誦し，あるいは憶念すれば，すべての恐れがなくなり，一切の罪悪はなくなり，諸悪の輪廻に生まれることはなくなり，多くな諸仏は光臨し，速やかに灌頂し，男の子，或いは女の子が欲しければ，それを得ることができ，財宝を得たいと思えば，財宝を得るや，一切の障碍は消滅する。

と記述している。

上の礼賛では，修行者である僧侶は毎朝毎晩『聖救度仏母二十一種礼賛』を念誦した功徳によって，ターラ菩薩（Tārā）に何を伝えることができ，ターラ菩薩は，本願によって，人々の願いに応じて，「有求必応」の救済の菩薩行で来迎し，「随時随地」に願う人を助けてくれるとされている。モンゴル地域とチベット地域では，ターラ菩薩は，生活の菩薩として人々に深く信仰されている。日本仏教では，みな『般若心経』を暗記しているように，浄土真宗でいえば，門徒はみな『正信偈』を暗記して念誦するように，多くのチベットの仏教徒は，毎朝毎晩『聖救度仏母二十一種礼賛』を念誦している。一般のモンゴルの仏教徒は，チベット語が理解できないため，わざわざ仏教寺院を訪ねたり，あるいは僧侶を自分たちの家に招いて『聖救度仏母二十一種礼賛』を念誦してもらったりする。

第3節　結　語

釈尊の教えは，「浩如煙海，博大精深」，すなわち大海のように広大であり，豊富であり，詳細な内容であるとされる。一切衆生を煩悩から解脱に導く道も八万四千の法門があるとされる。しかし，仏教の根本の教えは「縁起の理法」である。そして釈尊は，それぞれの衆生にその能力に応じて「対機説法」という応病与薬，すなわち病に応じて薬を与えるという方便で，衆生を救済してきたことは周知の通りである。山川草木あらゆるものは，すべて因縁の関係にある。仏教は，「此有則彼有，此生則彼生；此無則彼無，此滅則彼滅」[16]と縁起の真理を説いている。人に対しても，あるいは，衆生に対しても，仏教との出会いは，仏縁によるものである。念仏にしても，坐禅にしても，真言を念じるにしても，どれでもが仏縁によるものとされる。つまり，ある人は禅宗に仏縁があり，ある人は浄土宗や浄土真宗や真言宗に仏縁があるということになる。モンゴル仏教とチベット仏教では，密教に仏縁がある人は，一生優れた福徳に溢れ，幸せな人になると考えられている。

モンゴル仏教寺院では，僧侶は朝課で次の「願文」を用いている。

Bdag gi bsam paḥi stobs daṅ ni // de bshin gśegs paḥi byin stobs daṅ // chos kyi dbyiṅs kyi stobs rnams kyis // don rnams gaṅ dag bsam pa kun // de dag thams cad ci rigs par // thogs pa med par ḥbyuṅ gyur cig //[17)]

（我〈衆生〉之所求誠実力，如来加持悲願力；法界同体大悲力，所求一切諸利益，種々一切諸善業，無碍無障自然成。）

私（衆生）の求める誠願力は，如来の悲願力を加持し，法界と同体の大悲力は，求める諸々の一切の利益と，種々の一切の諸々の善業とを，無碍無障に自然に成就する。

『華厳経』も，「信為道元功徳母，増長一切諸善法。（信は道の元にして功徳の母となし，一切の諸々の善法を増長す[18)]）」と記している。

したがって仏教徒は，あるいは一切衆生は，幼児が自分の母親を信じ依存するように，上師，仏，法，僧を信じ依存すれば，仏・菩薩は，大慈・大悲をもって衆生に幸せを与えるはずである。仏・菩薩の大慈・大悲の力は無限であるから，仏縁がある衆生の一切の祈願する善業を達成することができるだけでなく，成仏するまで助けてくれるものと考えられる。

『釈迦牟尼仏賛（*skabs gsum pha bshugs so*）』に，

de bshin gśegs pha khyed sku ci ḥdra daṅ // ḥkhor daṅ sku tshiḥi tshad daṅ shiṅ khams daṅ // khyed kyi mtshan mchog bzaṅ bo ci ḥdra ba // de ḥdra kho nar bdag sogs ḥgyur bar śog / khyed la bstod ciṅ gsol ba btab paḥi mthus // bdag sogs gaṅ du gnas paḥi sa phyogs der // nad daṅ dbul phongs ḥthab trsod shi ba daṅ // chos daṅ bkra śis ḥphel bar mdsad dug sol //[19)]

（如来体微妙云何，及於眷属共寿量；境界及於号云何，願我等皆亦復然。賛祝釈尊微善力，我等随方所在処；病魔貧争尽消除，法祥増長祈皆賜。）

如来の聖なる体のように，私たち衆生の寿量も，如来のようになることを願い奉る。釈尊を称賛する善力をもって，私たちは所在する一切の場所，一切の病魔と貧乏と争いは消除され，法による吉祥を増長し賜うことを祈りたてまつる。

と記述している。

モンゴル仏教の僧侶の考えでは，一人ひとりが世の中に生まれてきた使命が違っており，社会に対する責任が違う。しかし，仏教徒として人々へ救済と利益する目的は同じであると考えている。モンゴル仏教の活仏や高僧は，モンゴル仏教の僧侶と民衆に対して「幹一行，愛一行，専一行」が要求されている。つまり，仏教の僧侶は仏弟子として釈尊の教えを正しく民衆に伝える責務がある。日々の「朝課」を，心を込めて読誦しなければならないのは，この1点にあるといえよう。僧侶の責務は，菩提道による人生の修行にある。だから，僧侶は釈尊の教えにある「慈悲喜捨」の菩薩行をもって社会に貢献し，檀家たちに報恩感謝し，檀家の善き願いを満足させなければならない。僧侶の役割を活かして，仏教徒とともに力を合わせて，世界平和と解脱のために尽力するように実践し貢献しなければならないであろう。

註

1）胡雪峰・嘉木揚凱朝編訳『蔵漢蒙仏教日誦（*Tübed kitadmonggol qabsurgagsan qandon nom*）』中国民族出版社，2009年）20頁。

2）前掲註1『蔵漢蒙仏教日誦』290頁。

3）李舞陽主編「蔵伝仏教礼讃祈願文　rGyun ḥdon bstod smon phyogs bsgrigs」（『蔵伝仏教文化叢書』中国民族音像出版社，1997年）2頁。

4）前掲註1『蔵漢蒙仏教日誦』15～16頁。

5）前掲註1『蔵漢蒙仏教日誦』。

6）薩拉達法師『仏陀与仏法』（新加坡仏教坐禅中心，2000年）180頁。

7）「アーナンダよ，ここに自己を灯明とし，自己を依所として，他を依所とせず，法を灯明とし，法を依所として，他を依所とせずして住せよ。」（パーリ『長部十六，大般涅槃経』）。前田惠學『前田惠學集　第一巻　釈尊をいかに観るか』（山喜房仏書林，2003年）413～414頁参照。

8）拙著『モンゴル仏教の研究』（法藏館，2004年）1～2頁。

9） 詳細は，拙稿「チベットとモンゴル仏教における活仏の由来」（『同朋大学仏教文化研究所紀要』21，2001年）19～49頁参照。

10） 拙稿「モンゴルにおける浄土思想」（『パーリ学仏教文化学』17，2003年）。

11） 前掲註1『蔵漢蒙仏教日誦』117～118頁。

12） 前掲註1『蔵漢蒙仏教日誦』3～4頁。

13） 前掲註1『蔵漢蒙仏教日誦』6～7頁。

14） 前掲註1『蔵漢蒙仏教日誦』80～83頁。

15） 前掲註1『蔵漢蒙仏教日誦』38～42頁。

16） 化普楽羅侯儸長老『仏陀的啓示』（新加坡仏教坐禅中心，2002年）85頁。

17） 『供養護法文』（雍和宮所蔵）15頁。

18） 中村薫『中国華厳浄土思想の研究』（法藏館，2001年）9頁。

19） 前掲註1『蔵漢蒙仏教日誦』115～117頁。

第5章

中国の「念仏打七」信仰の復興および現状

第1節　序　言

本章は，1999年度の東海印度学仏教学会において口頭発表し，『東海仏教』第44輯に掲載された「中国における『念仏打七』信仰の形成」の続編である。

1966年に始まった中国の文化大革命は，1976年に終結した。その間，一切の宗教活動が禁止された。1978年12月18日，中国人民大会第11期第三回中央委員会全体会議（中共十一届三中全会）で，19号文件として『関於我国社会主義時期宗教問題的基本観点和政策』が発表された。これによって，文化大革命の間，宗教活動を禁止していた中国の宗教政策が方向転換をした。すなわち，宗教活動が解禁され，信仰の自由が公認された。これを機に，各宗教は復興へ向けて行動を開始した。

現在の中国仏教では，「三化」が提唱されている。一切衆生が仏になるというのが「仏の大衆化」であり，信仰を自分の生命とするというのが「信仰の生命化」であり，仏の教えを日常生活のなかに生かすというのが「仏法の生活化」である。「三化」は，この仏の大衆化・信仰の生命化・仏法の生活化の三つをいう。

文化大革命以前に隆盛を極めていた中国仏教に浄土教がある。信仰の自由が解禁され，「三化」の流れのなかにある今日，このような浄土系の極楽世

夏法聖居士（中央）
（左：筆者，右：中村薫教授〈同朋大学〉）

界に往生を願う念仏信仰はどのような状況にあるのか。この問題を明らかにしたいと考え，1999年７月に北京市と河北省を訪れて調査を実施した。

現在の中国仏教で広く信仰され実践されているものの１つに「念仏打七」がある。この念仏打七に大きな影響を及ぼしているのは，江蘇省呉県の霊岩山寺印光大師聖量が定めた修行法である。浄宗協会を創建した夏蓮居居士が聖量の教えを受け継いだ。そして，夏蓮居居士の教えを継承したのが黄念祖である。

今日，念仏打七の修行の普及に尽力しているのは，中国仏教協会の浄慧法師と北京市居士林副林長の夏法聖居士の両師である。両師が僧俗に及ぼす影響は甚大である。この両師に加えて，台湾の浄空法師も見過ごすことができない。浄空法師は，台湾の仏教界のみならず，大陸中国・香港・シンガポール等へも往来して，念仏修行を広宣し，大きな影響力をもっている。

さて，念仏打七は「打仏七」と「精進七」の２つに分けることができる。打仏七とは，年中間断なく念仏することをいう。精進七は，決められた７日間の念仏をいう。精進七の７日間は，食事を摂ることと手洗いに行くこと以外は一切の行動が禁止され，ひたすら念仏を行じる。すなわち７日間にわたる一日一日の24時間，昼夜を分かたず，睡眠も取らず念仏を専一に実践する修行法である。この精進七と呼ばれる念仏打七では，自分の目的を必死に達成しなければならないから，病気で倒れても，疲れて死んでも，念仏堂から移動することができない。逆に言えば，念仏堂の中で死を迎えれば，そのまま阿弥陀仏の極楽世界に往生したことになる。

５人から30人ほどの居士が集まって，「念仏小組」を組織して念仏をするのが一般的であり，夏法聖居士によれば，「念仏小組」は，中国全土では数えられないほど多くあるという。北京市居士林に入会している居士だけで，1,000人を超えるという。もちろん，居士林の会員でなくても念仏できるから，仲間同士が集まって自由に念仏をする小グループはさらに多くある。

今回（2001年），中国における念仏打七の実態調査を，主に中国仏教史上の名刹・河北省趙州県の柏林寺と，北京市の広化寺，通教寺（尼僧）の３寺で行った。これは愛知学院大学大学院の前田惠學教授に随行した折りの現地調査である。今日の念仏打七の修行法の在り方を，柏林寺・広化寺・通教寺を中心として，インタビューによる聞き取りを主な方法としてたずねた。また中国仏教の老若の僧侶を始め，学者，一般の信者をインフォーマーとした実地調査を基にまとめた。

第２節　通教寺・広化寺・柏林寺の「念仏打七」

1　生前往生と死後往生

念仏の目的は極楽往生にある。阿弥陀仏の極楽世界に往生するための最も容易な道が念仏である。しかも，念仏者にとっては，生きている間に往生することが最も要請される。

人は，いつかは死ぬ。死ねば，人はおのれの業に従って，天上・阿修羅・人間・畜生・餓鬼・地獄という六道のいずれかに堕ちて，六道を巡り輪廻する定めにある。中国の仏教徒は，死んだ人は往生できないと考えているから，生きている間に往生することが要請される。生きている間に極楽世界に往生すれば，再び六道に輪廻することがない。極楽世界の素晴らしさとは，念仏者が落ち着いて阿弥陀仏を始め，観世音菩薩，勢至菩薩などの説法を聞きながら，修行に専念することができるところにあるという。

念仏者自身が，念仏の功徳の働きによって生きている現今において，間違いなく往生できると分かることを，「予知時知・予知時至」という。念仏によって福徳を積み重ねた念仏者は，極楽世界に往生できることが自分自身で分かるという境地に至るのである。

『観無量寿経』に説かれている「一日乃至七日，即得往生」の「即」の理解が重要である[1)]。「予知時知」の念仏を大成就者という。このような人は時間・空間に縛られることがないから，いつでも自由自在に極楽に往生できる。このような念仏者は，普段念仏に精進した功徳としての資糧があり，心の準備が十分できている。だから極楽世界に往生することに関して，心を煩わす必要がない。阿弥陀仏や諸菩薩とすでに連絡が取りあえるから，心配する必要がないのである。いわば，列車のチケットを購入済みであるかのようなものである。

大成就者の念仏は，行・住・坐・臥の日常生活の中で，常に行じられる。食事の間も，睡眠の間も，心の中には阿弥陀仏を念じる以外になにも存在しない。心は一心不乱なので，安心して極楽世界に往生することができるのである。

大成就者は，自分が悟ったという事実を他人に漏らさない。戒律の中でも，悟った事実を漏らすことを禁止している。原始仏教の時代にも，釈尊は弟子たちに対して悟ったという事実を師と親しい友以外には漏らさないようにと説いている。ただし，自分の臨終の時期を悟り，極楽世界に往生しようと決意した時には，近親の弟子に告げることが許されている。

ところで，中国の仏教の宗派を大きく分けると，八大宗となる。そのなかでは，浄土宗が最大の宗派である。僧侶だけでなく，居士も一般の人も浄土五部経に説かれている念仏を行じる。その大きな理由は，念仏修行の方法は他の修行法より簡便であるところにあるであろう。中国の念仏者の念仏は自力と他力とを合わせた修行であるが，「南無阿弥陀仏」と称えて他力によって往生する念仏の一つが，精進七の修行法である。念仏者は７日間という期限を限る念仏打七によって，福徳利益を獲得し，悟りを求めようとするのである。

阿弥陀仏の極楽世界への往生を願う念仏者は，極楽世界こそが落ち着いて修行を続けられる最高の道場であると考えている。浄空法師は，「阿弥陀仏を信仰し，阿弥陀仏という名字の意味を理解すれば，必ず極楽往生できる。上根の勝れた智慧ある人は，一日で極楽に往生することができる。機根に恵まれない愚かな人でも，七日のなかで極楽に往生することができる。だから，自分は絶対に極楽に往生できないと，自分自身を軽蔑してはならない」と述べている[2)]。

以下では，各地の寺院で行われている念仏打七の現状について述べる。

2　通教寺と広化寺の「念仏打七」

通教寺は，北京市東門内北小街針綫胡同に位置する。その西北にはモンゴル仏教の大本山雍和宮があり，通教寺と雍和宮との間には中国仏教の柏林寺が位置する。明代に創建されたといわれる通教寺は北京市にある唯一の尼僧寺院である[3)]。

通教寺は，雍和宮と関係の深い寺院である。1318年に建立され，当時の皇帝の侍人である太鑑に所属する寺院であった。1644年，印順比丘尼法師によって尼僧の寺院になった。それ以後，1942年までの間の詳細は不明である。1942年，福建省出身の開慧比丘尼と勝雨比丘尼の尽力によって，通教寺は再建された。当時の建立になる念仏堂が現存している。尼僧を育成するために「八敬学苑」を創建し，70名以上の尼僧が念仏の修行を行っていたという。

前田教授と私への説明役は，通教寺の釈昌円比丘尼であった。私たちが通教寺を訪れた1999年7月11日には，30人位の尼僧と居士が大雄宝殿で夏季の「結夏安居」の法要を厳修中であった。「ナームアミトーフ（南無阿弥陀仏)」と「アミトーフ（阿弥陀仏)」を繰り返して称える声が本堂から外まで聞こえていた。念仏の声にさそわれて大雄宝殿と呼ばれる念仏堂に入ると，中央に銅製の阿弥陀仏像が祀られていた。正面に向かって右側に観世音菩薩が，左側に地蔵菩薩が祀られていた。念仏している尼僧と居士は皆，阿弥陀仏像を背にして，外に向かって結跏趺坐する姿で念仏していた。

念仏者が，阿弥陀仏像と同じ方向に坐しているのを不思議に思い，釈昌円尼にその理由を尋ねた。釈昌円尼は，顕教と密教との修行法の違いだという。チベット仏教系の修行者が仏像に向かって坐るのは，密教における観想念仏によるからである。他方，中国の仏教は，大乗仏教である顕教の教えによるものであるから，念仏打七の念仏修行の時は，阿弥陀仏像と同じ方向に坐らなければならないという説明であった。日常の勤行の時には，阿弥陀仏像の左右両側に立って読経するという。

通教寺では，文化大革命終結後の1983年以来，毎年3月15日から7月15日までを，夏季の「結夏安居」の修行期間に充てている。この期間は，毎朝3時30分から5時30分まで朝課の勤行をし，5時30分から6時30分までを朝食，6時30分から7時30分までを『法華経』を読誦する時間に充て，また7時30分から8時30分までを台湾の浄空法師の説法をテープで聞く時間に充てている。

8時30分から10時30分までは一心不乱に念仏する。これは中国仏教における浄土五部の1つである『仏説阿弥陀経』に説く，「執持名号若一日（中略）若七日，一心不乱[4]」という一節が所依となっている。

通教寺の念仏は，1時間坐って念仏し，30分間経行しながら念仏する。つまり，坐って念仏することと，経行して念仏することを繰り返しながら，念仏打七の修行が続けられるのである。

このように，南は印光大師の開創になる浄土宗大本山霊岩山寺に始まった念仏打七が北に向かって広がり，北の五台山まで念仏打七が行なわれている。念仏打七の修行は，一生涯で１回だけの修行で終わるものではない。悟りを開くまで，つまり極楽世界に往生できるまで，何年も引き続いて努力し続けるものである[5)]。

通教寺では，戒律を守った厳しい修行生活が護持されており，文化大革命以後は，特に念仏打七の念仏修行に奮励しているのである。

3　柏林寺の「念仏打七」

中国仏教協会の副会長である柏林寺の住持浄慧法師の言葉に，「打禅七」と「念仏打七」というものがある。僧侶は，打禅七の修行法を中心として実践し，在家の修行者である居士は，念仏打七の修行法を中心として実践する。ともに阿弥陀仏の極楽世界に往生することを目指す修行法である。

日本に，念仏打七があるかないかは知らないが，「打禅七」という修行法は日本でも昔から行なわれてきている。日本では，打禅七は「七日摂心会」と呼ばれ，１年に２，３回，摂心会として開かれている。摂心会は，主に日本仏教の曹洞宗と臨済宗の寺院で行なわれ，時には10日間にわたることもあるが，内容は中国の打禅七と同様であると考えられる。

1999年６月25日，愛知県仏教会の一行と訪れた，内モンゴル自治区フホホト市にあるモンゴル仏教寺院席力勒召でも，居士たちが集まって念仏を修行していた。念仏堂には，浄慧法師の写真が祀られていたが，念仏者によると，浄慧法師は中国仏教の念仏者の大指導者であるという。

中国の念仏は六根念仏であり，中国語で「都摂六根念仏」という。六根とは眼根・耳根・鼻根・舌根・身根・意根をいう。眼根が念仏し，耳根が念仏し，鼻根が念仏し，舌根が念仏し，身根が念仏し，意根が念仏するというように，六根すべてが，言い換えれば，全身心を挙げて専ら念仏する状態にある。このことが，念仏では非常に大事なこととされるのである。

昔の念仏修行者は，７日間を通してともに念仏する人数を12人とした。12人を３班に分けると，班ごとの人数は４人となる[6]。現在の念仏者は，全員一緒で，同じ時刻に起き，同じ時刻に食事を取り，同じ時間を念仏する[7]。

中国仏教の禅宗の寺院では念仏打七の修行法が実践されている。しかし，日本の禅宗寺院で念仏打七の修行法が実践されることは，想像できないことであろう。日本の仏教は選択仏教といえる。というのも，ある宗派は密教を取り，また禅を取り，そしてまた念仏を取る。そして，例えば禅は，只管打坐の一点に焦点化され，焦点化された打坐以外はすべて捨象する。これが，日本の仏教のありようである。したがって，宗派と宗派との間に濃密な交流が見られることはまれである。

しかしながら，中国では宗派は存在するものの，宗派と宗派との間に，日本で見られるような高い垣根はない。宗派を越えてどの宗派でも他宗派のすぐれた修行法を取り入れ，日常的に実践している。だから，本来は浄土法門である念仏打七も，禅宗にも取り入れられているのである。現代の中国仏教の在り方は，仏典に説く「法法円融」だといえよう。禅宗と浄土宗とは，本質的には区別がないということであるが，それは各宗派の修行の目的が同じく「明心見性，見性成仏」にあるからである。

ところで，唐代の燕王と趙王は，柏林寺[8]の開祖の趙州和尚の施主として長年和尚に供養した。趙州和尚に対して，弟子の１人が和尚は毎日王の供養を得ているが，その恩にどのように報いるかと尋ねたことがある。そのとき，趙州和尚は私が念仏することがそのまま報恩であると答えたという[9]。柏林寺は禅宗の寺院でありながら，念仏打七の修行法が行なわれていることは，柏林寺の宗風であり，伝統であるといえる。

4　帯業往生の意識

「帯業往生」とは，悪業を身に付けたまま極楽世界に往生することをいう。悪業を身に付けたまま極楽世界に往生するという帯業往生の思想については，今日まで多くの仏教者や仏教学者によって議論されてきている。

この問題に関わって，『阿弥陀経』には次のように説いている。「極楽浄土には種々の珍しい鳥がたくさん飛んでいる。白鳥が舞い，孔雀が羽根を広げ，鸚鵡が人の口まねをして鳴き，百舌鳥が人の言葉を語り，妙音鳥が妙なる音楽を奏で，二頭一身の命命鳥が甲高い声で鳴いている。これらの鳥は昼も夜も絶えることなく，いつも妙なる鳴き声であい和している。歌声は，ただ単に鳥の歌声に過ぎないのではない。歌声は，悟りの道に向かわせる信根・精進根・念根・定根・慧根というすぐれた五根と，信仰・努力・憶念・禅定・智慧という五力や，悟りの智慧を助ける択法覚支・精進覚支・喜覚支・軽安覚支・捨覚支・定覚支・念覚支という七種の修行や，悟りに至る正見・正思・正語・正業・正命・正精進・正念・正定という八つの聖なる道などを説き明かしているのである。極楽浄土に生きる生きとし生ける一切は，これらの鳥の歌声を聞き終わるとみな，仏を念じ，法を念じ，僧を念じる」と説いている[10)]。

このように『阿弥陀経』に説かれていることから考えれば，極楽世界に往生しても修行が必要であることが分かる。もしも，修行する必要がなければ，往生した極楽世界でも続けて，なぜ『三十七道品経』に従って修行するのだろうか。『三十七道品経』を修行することは，悪業を身に付けたまま衆生が極楽世界に往生しているから必要とされるのである。悪業を身に付けたまま往生した衆生は，極楽世界でも引き続いて修行する必要がある。ここに，生きとし生ける衆生が，悪業を身に付けたまま往生することに関連して惹起する問題を解決する糸口があると考えられる。

これに対して，浄土以外の法門の修行では，悪業を身に付けたまま往生することは難しい。その理由は，仏教の教えによると，この娑婆世界は，仏滅後1,500年経つと五濁悪世に入り，悪世の５種の汚れに覆われてしまうことにある。五濁は，劫濁・見濁・煩悩濁・衆生濁・命濁の５つをいう。５つの濁は，末世における５種の避けがたい汚れであり，汚れた世相を示す５つの特徴である。劫濁は，時代の濁りをいう。戦争や疫病や飢饉などが多くなり，時代全体的が汚れる。見濁は，思想の乱れをいう。思想が悪化し，よこしまな思想がはびこる。煩悩濁は，煩悩がはびこることをいう。人間は，貪り・怒り・迷いなどの煩悩が燃えさかる浅ましいすがたにあり，悪徳がはびこる。衆生濁は，衆生の果報の衰え，心の鈍さ，身体の弱さ，苦しみの多さをいう。人間の資質が低下する。命濁は，衆生の寿命が次第に短くなることをいう。最終には，寿命が10歳になるという。

釈尊は，『阿弥陀経』の中で，この劫濁・見濁・煩悩濁・衆生濁・命濁という５つの汚れた悪世のなかでは，真実の法に出会うことは難事であるが，この難事を成し遂げ，この上ない正しい悟りを覚り得て，一切の世間の人が信じ難しい教えを説くことは，私にとって極めて難しいことであった[11]，と説いている。

黄念祖居士は，世俗の人が悪業を身に付けたこの世にいる間に，出世の仏法を証得することができるようにするためには，阿弥陀仏の四十八の本願を信じ，常に浄土門の教主の願いを受け，しかも清浄を求める僧俗の集いにあって，はじめてよこしまな見濁を智慧に転換し，短い命濁を無量寿に転換し，苦に満ちた衆生濁を蓮華生に転換するとことができると，説いている。

第３節　浄土聖典と念仏祖師の選択

中国の浄土宗における所依の根本聖典は５部ある。中華民国25年（1936），印光法師によって撰せられ，台湾の仏教出版社で印刷された合刊本『浄土五経』[12]によれば，鳩摩羅什訳『仏説阿弥陀経』，畺良耶舎訳『仏説観無量寿仏経』，康僧鎧訳『仏説無量寿経』上下，般剌密諦訳『大仏頂首楞厳経大勢至菩薩念仏円通章』，般若訳『大方広仏華厳経普賢菩薩行願品』の五部経がそれである。

香港仏教法喜精舎出版『念誦儀規』の仏七儀規によると，念仏打七の修行を円満した7日目に，祖師や指導者である善知識に対して礼拝し，歴代祖師を次のようである。

頂礼西天東土歴代祖師
頂礼天下宏宗演教諸大善知識
頂礼初祖廬山東林遠公大師　　晋慧遠法師
頂礼二祖長安光明導公大師　　唐善導大師
頂礼三祖南岳般舟遠公大師　　唐承遠大師
頂礼四祖五台竹林照公大師　　唐法照大師
頂礼五祖新定烏龍康公大師　　唐少康大師
頂礼六祖杭州永明寿公大師　　唐延寿禅師
頂礼七杭州昭慶常公大師　　宋省常律師
頂礼八祖杭州雲棲宏公大師　　明蓮池大師
頂礼九祖北天目霊峰旭公大師　　明藕益大師
頂礼十祖虞山普仁策公大師　　清行策（截流）大師
頂礼十一祖杭州梵天賢公大師　　清省庵大師
頂礼十二祖紅螺資福醒公大師　　清徹悟（夢東）禅師
頂礼十三祖蘇州霊厳聖量印公大師　　民国印光大師
頂礼古今連社宗師
頂礼主七和尚（例えば浄慧法師[13]）

以上の祖師のなかには，浄土系の大師も，禅宗系の禅師も，律宗系の律師もいる。歴代の祖師は，浄土系の大師にとどまらない。そして現在，念仏打七の修行を主宰している指導者である主七和尚も，善知識として礼拝する。これら祖師の選択は，念仏することによって，それぞれの時代における中国仏教の代表的な祖師に帰依するだけではなく，衆生を救済し，阿弥陀仏の極楽世界に往生するという観点から選択されていると考えられる。

一般に，われわれが漠然と定義する浄土教は，阿弥陀仏の救済を信じ，念仏を称え，阿弥陀仏の極楽世界に生まれ，悟りを得ることを説く教えなどと考えられている。しかし，この説明によって，中国浄土教に生きる人々を理解しようとすると，大きな誤りを犯すことになろう。日本浄土教に大きな影響を与えた曇鸞・道綽・善導の浄土教に対しては，この説明が適合しても，千数百年にわたる長い歴史のなかで多様な発展を遂げてきた浄土教には，そうではない形態がはるかに多くあり，また規模も大きいのが現実である[14)]。

今日，浄土思想に関連する漢訳経論は290部ほどが知られているが[15)]，中国浄土教に限っていえば，中国人はそれらの多数の経論のなかで，いかなる経論を重視していたか，それを依りどころとしてどのような浄土思想に発展させたかということが当面の課題となろう。また，中国人は独自の経典を創出し，そこに新しい思想を加えて信仰している。浄土思想の術語には，阿弥陀（弥陀）と無量寿の名称が圧倒的に多く，無量光と極楽の使用は少ない。このことは，呪術的な力を感じさせる阿弥陀と，神仙思想の長生不死の意味を，仏教の無量寿という言葉に載せて漉き込むことによって，中国人の思惟方法と合致するように図ったものと考えられる。

第４節　仏・菩薩の縁日における「念仏打七」

北京の居士が集まる道場の１つに北京仏教居士林がある。ここは，1926年に華北居士林として創建されたものである。中国の解放後に趙樸初（1907-2000，当時中国仏教協会秘書長）と正果法師（-1983年）によって現在の北京仏教居士林に改名された[16)]。

このような由来のある華北居士林も，文化大革命の嵐のなかでは，活動が許されなかったが，1979年の「中共十一届三中全会」の宗教政策の変更によって信仰の自由の回復が許られた。回復した北京仏教居士林の林長に就任したのは呂香光居士であった。呂香光居士は今年（2001年）で94歳，今日も第一線に立ち後進の指導に当っている。

文化大革命以後，1982年にはじめて北京の居士を中心に，200人以上の男女の居士が広化寺に参集した。そこで，念仏打七の修行が行なわれた。翌1983年，北京市広済寺（中国仏教協会の所在地）に，200人ほどの男女の居士が集まって，正式に居士林の組織委員会を結成した。その後，広済寺において定例の集いが行なわれるようになった。旧暦の毎月の１日，８日，15日，23日と，それぞれの日曜日に居士たちが集まって，念仏打七を行う活動日と定めた[17]。仏・菩薩の聖誕日は，以下のとおりである。

《諸仏菩薩聖誕表》

弥勒仏聖誕一月一日	定光仏聖誕一月六日
帝釈天尊聖誕一月九日	釈迦牟尼仏出家二月八日
釈迦牟尼仏涅槃二月十五日	観音菩薩聖誕二月十九日
普賢菩薩聖誕二月二一日	準提菩薩聖誕三月十六日
文殊菩薩聖誕四月四日	釈迦牟尼仏聖誕四月八日
薬王菩薩聖誕四月二十八日	伽藍菩薩聖誕五月十三日
韋駄菩薩聖誕六月三日	観音菩薩成道六月十九日
大勢至菩薩聖誕七月十三日	仏懽喜日七月十五日
普庵祖師聖誕七月二十一日	龍樹菩薩聖誕七月二十四日
地蔵菩薩聖誕七月三十日	燃灯古仏聖誕八月二十二日
観音菩薩出家九月十九日	薬師仏聖誕九月三十日
達摩祖師聖誕十日五日	阿弥陀仏聖誕十一月十七日
釈迦牟尼仏成道十月八日	華厳菩薩聖誕十二日二十九日

《観音菩薩斎期表》

一月八日	二月七日	二月九日	二月十九日

三月三日	三月六日	三月十三日	四月二十二日
五月三日	五月十七日	六月十六日	六月十八日
六月十九日	六月二十三日	七月十三日	八月十六日
九月十九日	九月二十三日	十月二日	十一月十九日
十一月二十四日	十二月二十五日		

《十斎期》

【毎月】　一日　八日　十四日　十五日　十八日　二十三日
二十四日　二十八日　二十九日　三十日
（旧暦小の月二十七日～二十九日）

《六斎期》

【毎月】　八日　十四日　十五日　二十三日　二十九日　三十日
（旧暦小の月二十八日～二十九日，斎は，縁日・吉祥日をいう。）

以上の中国仏教における諸仏・菩薩聖誕に関する表は，すべて旧暦である。チベット仏教とモンゴル仏教では多少相違がある。しかし，釈迦牟尼仏の聖誕・出家・成道については，チベット仏教もモンゴル仏教もともに旧暦の4月15日である。

上海市にある龍華古寺・玉仏寺・静安古寺においては，念仏打七をそれぞれ「仏七道場」「弥陀仏七道場七永日」「清明節仏七道場七永日」という呼び名を用いて，「龍華古寺仏七通告」「静安古寺仏七通告」「玉仏寺仏七通告」という見出しの案内を寺内の掲示板に掲げる[18]。

期日は，公歴（陽暦）と農暦（陰暦）の2つが並記される。農暦は中国一般の農家や市民が今日も使い続け，拠り所としている暦である。仏七道場と呼ばれる念仏打七は，節日の清明節に合わせて行なわれている。清明節は，二十四節気の一つである。春分後15日目の陽暦4月5日または4月6日をいう。清明節は，冬至から106日目にあたる。いわば日本の夏のお盆の法要と似た位置付けにある。

上海龍華古寺は，念仏打七の日程を，次のように通告している。

《龍華古寺　七日間の念仏法要と説法の法会開催のお知らせ》

第一　当山では，西暦五月一日から七日（農暦四月一日から七日）にかけて，阿弥陀仏の念仏打七の修行法要を行う。毎日，午前と午後に念仏する。第六日の夕方に，三大師の瑜伽焰口の法要を行う。円満日である七日の午前に，延生普仏の法要を行い，午後に往生普仏の法要を行い，午後四時に精霊を送る。今日から当山の客堂で，延生供養と往生供養を受け付ける。随喜参加を歓迎する。共に仏法の利益を得られんことを。

第二　当山の住持明暘大和尚は，毎日午後一時から三時まで『仏説阿弥陀経』を講説する。積極的に出席して聴講されんことを。

第三　西暦五月八日（農暦四月一日），午前中釈迦牟尼仏誕生の灌仏法要を行う。午後は，チケットを持って円満法事に参加されんことを。

龍華古寺より

一九八四年三月十日[19)]

『霊岩山課本』は，仏七儀軌の序文に，次のように記している。

浄土往生を願う念仏者は，期間を決めて集中して念仏の修行を行いなさい。１回目の７日間の念仏修行で修行を終えることもできるが，さらに続けて２回目の７日間の念仏修行をしたり，３回目の７日間の念仏修行をしたり，さらに引き続いて７回目の７日間の念仏修行をしなさい。すなわち，何回でも期限を決めて有効な悟りを求めることが大切である。このように修行することが「仏七道場」である。これが「念仏打七」の修行法である。念仏打七の期間中は，１日に何本線香を用いるかは自分で決めなさい。また，念仏をするグループを組織して，昼も夜も絶え間く７日間続けて念仏してもよい。何本線香を用いて何回念仏打七を行うかを定めなさい。時間と場所を勘案して，時間と場所を決めればよい。

念仏して積んだ功徳を，毎晩１本の線香に託して仏に廻向しなさい。このように廻向して念仏を終れば，念仏打七の修行を真似して念仏することができる[20]。

第５節　執持名号を「阿弥陀仏」の４字とする理由

『阿弥陀経』で説く執持名号は，南無阿弥陀仏の６字をいうのか，それとも阿弥陀仏の４字をいうのか。由木義文著『阿弥陀経』[21]では，名号は一般的には仏・菩薩の名をいうとある。そうであるならば，名号は阿弥陀仏の４字をいうことになる。

私が，1999年７月，北京仏教居士林を訪問した時にいただいた念仏関係の書物のなかに，福建省仏教協会刊行の『阿弥陀仏』と題する１冊があった。表紙の中央左に阿弥陀仏の４字が縦書きされていた。右上から「都摂六根，浄念相継，得三摩地，斯為第一，万徳洪名」と縦書きされ，右下に蓮華が描かれていた。

次の頁には，阿弥陀仏の４字が横書きされ，中央に阿弥陀仏像を縦に，両側に四十八願度衆生と九品咸令登彼岸と縦書きされていた。

最初の１頁には，この『阿弥陀仏』の本の由来が述べられている。

1992年の秋，鄭州市の居士３名が，南海普陀山に観世音菩薩を参拝して，故郷に帰る途中であった。居士が持ち帰った経典１巻と録音テープ１つ以外に，手紙１封があった。その手紙は，普陀山普済寺の貞縁法師が贈ったものであった。経典とテープは，貞縁法師が２年間にわたって精進念仏の修行をして，一生懸命に創造し，成就した体験をまとめたものであった。１巻の経典は，5000回阿弥陀仏を称えることと，さらに録音テープを加えて助念する修行法を説き明かしている。これは，中国語で「四字洪名，快念」あるいは「四字快念」と呼ばれる。『阿弥陀仏』の本を１回通して称えると約１時間を要するが，これを，毎日朝と晩の２回称えれば，１日１万回阿弥陀仏を称えることができる。このようなことから，この『阿弥陀仏』の１冊の本の出版は，多くの僧俗の念仏修行に大きに影響を及ぼすことになった。

７頁から56頁までは，阿弥陀仏の４字を横に４列，縦に25行，すなわち，合計100句，ぴっしりと１頁の全面に印刷してある。つまり，50頁で合計5,000句である。念仏者が２回繰り返して称えれば，１万回に達する。5,000句を繰り返し書いているこの『阿弥陀仏』を１回通して称えるには，１時間を要する。毎日朝晩１回ずつ通して念誦するので，仕事をもっている在家の居士たちも，毎日の朝晩の時間を有効に活用して阿弥陀仏を称えることができる。

とくに説明を加えておきたいことは，阿弥陀仏を称える時，１人だけで称えるだけではなく，テープを聞きながら称えるので，居眠りが起りにくいと思われることである。

昔の念仏者は南無阿弥陀仏を称えていたが，現代の中国の念仏者は阿弥陀仏だけを称える。体力が消耗した人や臨終が近い人にとって，南無阿弥陀仏と称えるのはすこし力がいるからだと思われる。南無阿弥陀仏の最初の「南」は鼻音で発音するので発音しにくい。しかし，阿弥陀仏の「阿」は，人間にとっては一番発音し易い音であるから，誰でも発音できる。だから，阿弥陀仏と称えるのだと考えられる。

『阿弥陀経』も，「聞説阿弥陀仏，執持名号（中略）若七日，一心不乱，其人臨命終時，阿弥陀仏，与聖衆，現在其前是人終時，心不顛倒，即得往生阿弥陀仏極楽国土[22]」と説き示している。執持名号は，南無を称えなくても，阿弥陀仏だけを称えれば十分であり，必ず阿弥陀仏が臨終の人を来迎すると約束されているから，中国の念仏者に阿弥陀仏を称えることをすすめている。この説明は説得力があり納得しやすい説明である。

民国の夏蓮居居士の『浄修捷要』のなかに，「一心に阿弥陀仏を観想し，礼拝し，専ら一心に念仏できれば，一切功徳を身に付け，自然に煩悩である障りと汚れを清浄にすることができる。修行する心は純熟するだけでなく，福徳と智慧も増長することができる。念仏者の命が終る時，阿弥陀仏や観世音菩薩が目の前に現われて，慈悲の心から護って下さるので，心が乱れることがない。極楽世界に連れて行って，蓮華が咲く七宝池で，阿弥陀仏に会うことができる。1回礼拝するなかで，3回南無阿弥陀を称える」ということが説き示されている[23]。

北京の通教寺の説明によれば，臨終が近づくと，人々が枕もとに集まる。家族もいれば，友人も隣人もいる。往生していく人のために，中国語で「助念」という念仏を称えて，極楽世界に往生者を送るのである。仏教徒である往生していく人にとって，臨終には，医師よりも，念仏の方が大切である[24]。

チベット仏教のツォンカパ大師の著『菩提道次第広論』のなかにも，次のようにある。死ぬ時は法以外，何も助けてくれるものはない。天王や国王らは，贅沢で豊かな生活を送っているが，この世を離れ，死んで他の世に赴く時には，野荒で盗賊に遭い，一切の持ち物を奪われるように，ただ1人で，息子もついてこない，妻もついてこない，頼るところない。知り合いの友達もいない，持っていたはずの軍隊もない。見ることもできなければ，声も聞こえない。誰1人従う者がない。行きたくなくても，行く時はどうしても行かなくてはならない。人が死ぬ時は，名前以外，何も残るものはない。助けとなるのは，ただ法だけだ[25]，と。

だから，枕辺に集まった人々は，病人のことを思いやりつつ，病人が念仏し易い環境を作り出すように協力しなければならないのである。

現代中国の念仏者は，坐って念仏する時，ただ南無阿弥陀仏を称える場合が多い。経行念仏する時は，南無阿弥陀仏と阿弥陀仏を繰り返しながら，念誦しながら経行していく。南無阿弥陀仏を5回称えて，阿弥陀仏を7回称えているが，注意して聞くと，南無阿弥陀仏を称える時は力がいる。しかし，阿弥陀仏を称える時は，楽に称えていることが分かる。

北京仏教居士林発行の新聞には，太虚大師著の言葉として「中国人口上頭心頭上的阿弥陀仏」，つまり中国人であり，眼・耳・鼻・舌・身・意を具えた人であれば，阿弥陀仏を知らない人は誰もいない。口に阿弥陀仏を称えなかった人は誰もいない，という題目が掲げられている。

第６節　現代往生者の実例

現代の中国人は，眼の前の利益がなければ，どの宗教も簡単には信じない。そうであるのに，中国では，なぜ僧俗が念仏修行に注目し盛んに行じられているのだろうか。それは，念仏には10を数える利益があるからである。①昼夜を問わず，諸天・大力・神将の加護がある。②観世音を始めとする二十五の大菩薩の加護がある。③諸仏の加護があり，阿弥陀仏が常に光明を与えてくださる。④一切の悪魔・夜叉・羅刹の害を除き，毒蛇・毒薬の害を除く。⑤水害・火害・戦火に遭うことを除き，監獄で横死することを除く。⑥一切の悪業を消滅する。⑦夜は吉祥の夢を見，阿弥陀仏の金身を見る。⑧全身に気力が充満し，よい行いをする。⑨常に世間の人々の尊敬を受け，仏のように尊崇される。⑩臨終に際して恐怖することなく，阿弥陀仏・観音菩薩・勢至菩薩を念じれば，金台をもって来迎し，蓮華に生まれ，良薬を得た人のように無限の利益を得る。このような利益があるから，中国人は念仏打七に精進するのである。

中国仏教徒のなかで，生涯を通して一心に南無阿弥陀仏を称えて，阿弥陀仏の極楽世界に往生した実例が数多く知られている。中国において，最初期に浄土思想に言及し，浄土往生を願った先達に，闕公則（265-274頃），僧顕（318-321頃），支遁（314-366），法曠（327-402）などがいる。最もよく知られているのは，後に浄土教始祖とされた廬山の慧遠（334-416）である。[26)]

さて，現代でも中国では臨終の時の念仏者に奇瑞が現れたり，奇特な往生者が多数出現したりしている。たとえば，次のような話がある。

・　安徽省九華山の慈明和尚は，生きている時に自から極楽世界に往生できることを感得した。1991年のある日，生きながら棺の中に入って坐した。1994年に蓋をあけると，慈明和尚の身体はミイラ仏と化していた。慈明和尚は，九華山の即身成仏のミイラ仏となった，13代目の修行僧であった。

・　1992年，河北省香河県胡庄村（天津空港から北京へ続く高速道路沿いに位置）の農家の主婦であった周鳳臣が，念仏をしながら往生したミイラ仏として，話題となっている。周鳳臣は，往生する時，家族に「我要睡覚了（私は寝る）」といった。周鳳臣は自分がどうして肉身不爛のミイラの姿を世に残そうとしたのか。その理由を香河県中に知らせるだけでなく，中国中に知らせる必要があり，最終的には全世界に知らせる必要があると予言したという[27]。

・　1992年，遼寧省瀋陽市にあるモンゴル仏教の実勝寺で，モンゴル僧ジョウルジェ・ラマが往生した。生前，彼を深く尊崇してきた多くの漢民族の弟子たちが，師を火葬に付した。すると，奇瑞が現われた。「五彩舎利」となって現れたのである。このことは，中国中央テレビでも放映され，中国全土に大きな反響を巻き起こした。

これらに類する往生念仏者の実例が，中国仏教福建蒲田広化寺が出版した『現代往生見聞録』に138例記述されている。これらのほか，以下，３つの事例を個別に文献より紹介したい。

1　比丘性寂法師の往生

霊岩山寺の性寂法師は，遼寧省の人で，俗姓は関，名は玉璋であり，法名は性寂である。26歳の時に印光法師の許で受戒し，性寂の法名を授けられた。それ以後，専ら念仏修行に籠って，霊岩山寺を離れることがなかった。

性寂法師は一生涯，印光法師を尊敬した。修行のすべては，印光法師の教えに従い，専ら念仏して，浄土に往生することを求めた。生涯にわたって行・住・坐・臥の一切に念仏を絶やさなかった。月日を経て修行が円満し，「時至功円」という境地に達して命が終わる時には，思うままに自在に極楽世界に往生することができた。

性寂法師は，往生する前に，親戚と友人にそれぞれ手紙四通を書き残した。手紙の中に「境界現前，我要去了」（極楽世界が目の前に現われたから，私は行くことになった）と書き残している。

1983年旧暦10月８日，性寂法師は，胃病のため臥して４日目であった。体力が低下し，飲食も減っていた。５日目に下剤を服用して腹内は清らかになった。朱智超が尋ねて来て，「念仏者を頼んで，助念してもらうか，録音テープを使って助念するのか」と尋ねると，「性寂比丘は助念の必要はない，私は必ず往生すると確信している」と答えた。そして，門を閉じ，一切の人との接触を断り，専ら念仏した。７日目，すなわち10月14日の午前11時８分に，吉祥の姿で臥した。身体には痛みも苦しみもなく，心には貪りがなく，意識には混乱がなかった。予知した時間に至って，安らかに西方の阿弥陀仏の極楽浄土に往かれた。享年77歳，法臘51年であった。

往生の後，霊岩山寺の規則に従って，常住（寺院）から８名の僧侶を派遣して，24時間絶えることなく助念した。次の日の15日の午後４時の入棺の時，「面目如生」顔色が生き生きして，「四肢柔軟」肢体が柔らかかった。火葬後，いろいろな色の舎利が多くあった。そのなかに，瑠璃珠の舎利も10個ほどあった。大きいものは，落花生の大きさであった。そのありようを見て，人々は驚き，比丘が熱心な念仏者であったことを賛嘆しあった[28]。ということである。

2　比丘尼果松法師の往生

果松比丘尼は蘇北塩城の人である。それ以外は不明である。３歳の時に，当地の天妃宮尼庵に入り，老比丘尼常徳法師のもとで出家した。果松は，幼い時から精進念仏を修行し，禅定による瞑想の修行を重ねたという。19歳の時，蘇州の西園戒幢寺において具足戒を受けた。1947年，蘇北の戦乱を避けて，師と弟子３人で蘇州に来た。路頭に迷っていたとき，胥門小木橋にある弄無難庵の住持の成慧比丘尼に出逢った。成慧比丘尼の許可を受けて，弄無難庵に住むことになった。それ以後，弄無難庵を離れることがなかった。

1956年旧暦９月６日，果松が39歳の時，身体には病気がなく苦しみがなかった。念仏の声も明瞭で，念仏をしながら安らかに極楽浄土に往生した。往生する３日前に成慧比丘尼に，「私は３日後に西方極楽浄土に帰るから，助念して送ってくれ」といわれた。また，「あなたは，念仏はどのように称えたらよいか分かりますか，あなたに教えましょう」といわれた。果松は，「南無阿弥陀仏を念誦する時は，速くなく，遅くなく，念誦することが必要である。心を込めて丁寧に念誦し，一字一字を念誦することが必要である。念誦する時は，心に阿弥陀仏の名号が起こり，念仏の声が口から迸しり出て，その声が耳に戻って来ることが大切である。念仏者は，明白に念誦し，自分で自分の声を明白に聞くことが必要である。いいかげんに念誦してはいけない。鵜呑みにしてはいけない。ごまかしては念仏にならない。速過ぎる念誦には付いていけない。ゆっくり過ぎる念誦では，心が乱れて落ち着かない」と成慧比丘尼に説き示した。

成慧比丘尼は，果松師の教えに従って，南無阿弥陀仏の６字をゆっくりと一字一字を称え始めた。果松師はそれに随念した。

こうして念仏は３日間続いた。９月６日の午後９時，果松師が起きて服装を整えて，身づくろいをして，結跏趺坐の姿で坐した。そして，念仏しながら頭をなで，授記の手印を３回廻した。同じ動作を３回繰り返した。その夜11時に，成慧比丘尼に「再会！再会！」と，さよならをいいながら，無欲恬淡に坐したまま解脱した[29)]。ということである。

3　黄念祖居士の往生

黄念祖は，1931年３月６日の生まれである。幼い時から母梅太夫人と伯父梅光義老居士から仏典を学んだ。11歳の時から，母の影響で北京広済寺の念仏に参加した。大学３年生の試験終了後，黄念祖は母が毎日読誦している『金剛経』（鳩摩羅什訳『金剛般若波羅密経』）を読んで悟ったという。中国禅宗の大徳の虚雲老和尚に帰依し，チベット仏教のニンマ派の高僧ナロ（諾那，蓮華正覚王）上師と，サキャ派のグンガ上師にチベット仏教を学び，1959年，蓮花精舎の金剛阿闍梨位を継承した。中国の解放後，浄宗大徳の夏蓮居居士の入室弟子になり，仏教の顕・密・禅・浄について，広く深い研究と実修を行い，それぞれの分野で多大の成果を残した。

1979年から，もっぱら浄土関係の書物を解釈することと，念仏の修行法を広宣するために尽力した。著作には，『大乗無量寿経解』（略称『大経解』）『無量清浄平等覚経解』『浄土資糧』『谷響集』『華厳念仏三昧論講記』『心声録』等があり，国内外に流通している。中国仏学院，北京仏教居士林，北京広化寺などで，説法を行なった。

1992年，黄念祖の重要な目標は，『無量寿経白話解』（略称『白話解』，『無量寿経』の現代語解釈）を完成することであった。黄念祖は，「私が以前に注釈した『大経解』は，ある程度修行を積んだ人のためのものであり，一般の人々には恐らく難解であろう。『白話解』を完成することができれば，多くの衆生に利益を与えることができる」と考えた。黄念祖は，毎日『白話解』の現代語解釈をするほかは，念仏を４，５万回称えることと，大法の一座を厳修することを自身に課した。

決めた回数の念仏以外に，随時散念，すなわち余暇のある限り念仏を実践した。だから，毎夜床に就くのは午前１時を過ぎていた。黄念祖はいつも，どのような事情があっても，念仏を省くことはなかったといわれる。

黄念祖は，1992年３月27日午前１時７分，安らかな笑みを浮かべ，嬉しそうな顔をして往生したという。遺体を家に運び，家族と国内外の弟子とで，昼夜をわかたず，念仏打七を行なった。高温であったが，遺体に防腐の方法は施されなかった。にもかかわらず，遺体に異状はなく，多くの人が聖なる香気を嗅いだといわれる。

4月7日に荼毘に付されたが，遺体はまだ柔らかく，手指も動き，遺体は軽くなったと感じられ，時々聖なる香がしたといわれる。荼毘に付された後，黄念祖が身に付けていた珠数は，荼毘の火に破壊されることがなかった。遺骨は「潔白如玉」であり，赤・黄・白・緑・黒の5色の舎利が300個以上あったといわれる[30)]。

第7節　結　語

既説のように20世紀初頭に始まる中国大陸を舞台とした戦乱，それに続く文化大革命終結までの国内の混乱によって，56を数える諸民族固有の民族文化や，諸民族固有の宗教信仰は甚大な被害を被ったが，各地域の仏教文化と仏教信仰もその例外ではなかった。

しかし，国内の混乱を超えて，中国に深く根付いていた念仏打七の修行法が，「三化」の思想を載せて今日に蘇った。清朝以後に形成され，中国の浄土教を特色付けている念仏打七の修行法は，中国の文化大革命以後，多くの在俗の居士たちの活動により，一層民衆化された念仏打七信仰として復興してきた。

今回の調査によって，文化大革命で壊滅的な打撃を受けた中国仏教が，文化大革命終結後，徐々に復興して現在に至っている状況や，特に中国仏教徒に特有の念仏打七の修行法によって往生するという，信仰形態を明らかにすることができた。

『現代往生見聞録』によれば，中国仏教徒の90％以上は，浄土念仏を実践しているという。同書は，念仏によって阿弥陀仏の極楽世界に往生した者として比丘は20名，比丘尼は７名，男居士は58名，女居士は53名あり，合計して138名の往生者の実例を紹介している。

中国仏教の念仏者の意識は，悪業を持ったまま阿弥陀仏の極楽世界に帯業往生し，極楽世界で落ち着いて『三十七道品経』を修行し，そして最終的に成仏することができるという点にある。極楽世界に往生するために，中国仏教の念仏者は，一生涯で一度でも必ず念仏打七の修行を実践しなければならないと信じている。これが中国仏教徒の意識の深層に脈々と流れている「信」のありようである。

念仏打七は，慌ただしく日々を過ごす中で浄土に往生することを願う人々に，特に有効な修行法であるといえる。阿弥陀仏の名号に決定して，７日という期間の中で眼も耳も鼻も舌も身体も心も，阿弥陀仏と一体になることを求めて念仏に精進することによって，念仏者の心は一心不乱になるのである。念仏打七の修行法は，７日という短い期間で利益を得ることができるので，忙しい世俗に生きる人々を含めて，誰でも容易に実践でき，やる気を起すことができる修行法であるといえる。

今日，中国の浄土教という分野で取り扱われる人々をみると，中国仏教を代表する高僧から庶民にいたるまで，浄土経論の注釈者から素朴に往生を願う人々まで，また専ら称名念仏を称えた人々から天台・華厳・禅宗などに所属して諸行兼修を主張した人々まで，多種多様な人々を含み摂（おさ）め取っていることからも，以上のことが分かる。

今後は，モンゴル仏教の三字名号「アユシ」(阿弥陀)，チベット仏教の三字名号「セバミ」(阿弥陀)，中国仏教の四字名号「阿弥陀仏」と，日本仏教の六字名号「南無阿弥陀仏」のありようを比較研究する必要があると考える。

註

1）『観無量寿経』(『大正新修大蔵経』12，341頁下)。「即」は，そのまま，すぐさまの意味である。ここでは，縁起の理法で考えることができる。「即得往生」は，念仏修行そのことによって往生する功徳が生じるので，命が終る時，この功徳によってそのまま往生し，最終的に成仏することができるという意味となる。

2）浄空法師講・劉承符居士輯『浄空法師法語』（上海仏学書局，1993年）39頁。

3）中国仏教協会『中国仏教寺院』（中国世界語出版社，1995年）15頁。

4）『阿弥陀経』（『大正新修大蔵経』12，347頁中）。

5）吉田道興「中国仏教の現況」（『東海仏教』30，1985年）161頁。霊岩山寺には，象徴的建造物の九層磚塔「霊厳塔（多宝仏塔）」をはじめ，壮大な伽藍が整備されている。当時僧侶は35人。折しも念仏堂で印光法師寂後40周年の法要を行っている。蔵経楼には元板・清版の『大蔵経』をはじめ，民国時代の血書『華厳経』を所収する。かつて霊岩山寺は，独自の「共住規約」「念仏堂規約」等の清規を厳修する寺院として知られていた。

6）拙稿「中国における『念仏打七』信仰の形成」（『東海仏教』44，1999年）79頁。行策定『起一心精進念仏七期規式』（中国仏教経典叢刊，1994年。『浄土宗大典』第9冊）699～705頁。

7）浄慧法師『柏林禅話』（河北仏協虚雲印経功徳蔵印贈，1999年）46～85頁。

8）柏林寺の正式の寺名は，柏林禅寺。日本仏教の禅宗に多大な影響を及ぼしている。唐末の趙州和尚（従諗禅師）は仏教史の上でも有名である。

9）前掲註7『柏林禅話』49～50頁。

10）『阿弥陀経』（『大正新修大蔵経』12，347頁上）。

11）『阿弥陀経』（『大正新修大蔵経』12，348頁中）。

12）釈印光『浄土五経』（台湾仏教出版社）。

13）『念誦儀規』（香港仏教法喜精舎出版，1998年）121～123頁。

14）柴田泰「中国における浄土教の発展」（『講座大乗仏教　浄土思想』第5巻，春秋社，1996年）218頁。

15）藤田宏達『原始浄土思想の研究』（岩波書店，1970年）136～161頁。『浄土宗大典』（中国仏教経典叢刊，1994年）によれば，『浄土宗大典』全12冊には東漢から現代に至る，191種の浄土関係の資料を収蔵している。

16）胡継欧『北京居士林林訊』（北京居士林研究室編輯）。

17）前掲註13『念誦儀規』160～161頁。

18)　前掲註３『中国仏教寺院』75頁。

19)　吉田道興「中国仏教の現況」(『東海仏教』30，1985年）180頁。

20)　前掲註３『中国仏教寺院』178頁。

21)　由木義文『阿弥陀仏』(講談社，1991年）86頁。

22)　『阿弥陀経』(『大正新修大蔵経』12，347頁中)。

23)　貞縁法師『阿弥陀仏』(福建省仏教協会刊行，1996年）59頁。

24)　前田惠學「北京・河北念仏打七を訪ねて」(『中外日報』）平成11年９月16日～18日，中国の「念仏打七」の実態を詳述。

25)　宗喀巴大師『菩提道次第広論』(台湾仏陀教育基金会）84頁。

26)　前掲註14「中国における浄土教の発展」235頁。

27)　韓寅恒「周鳳臣老大娘給人類世界留下了一大宗宝貴遺産」(『菩提心』中国石家庄仏教協会，1999年第４期）37頁。

28)　前掲註23『阿弥陀仏』59頁。

29)　前掲註23『阿弥陀仏』60頁。

30)　『現代往生見聞録』(福建蒲田広化寺仏経流通処，1998年）99～102頁。

【参考資料】

夏法聖先生　講演会内容

第１回《中国における居士と居士林及び代表的な居士の活動》

講師：北京居士林理事長　夏法聖先生　2003年11月11日（火）　同朋大学成徳館にて

1．居士とは。居士となる動機と目的
2．居士林の組織と運営。居士と出家
3．居士林の活動（読経，瞑想，念仏等）
4．居士の日常生活，職業，社会的地位
5．居士と居士林の歴史
6．居士林の文化活動（書，絵など）
7．僧侶との関係，中国・北京市仏教協会との関係
8．他の地方の居士と居士林との交流
9．中国仏教徒の情況，特に北京周辺の情況，信徒人口と分布地域
10．夏蓮居居士
11．趙樸初居士
12．黄念祖居士
13．梅光羲居士
14．呉倩薌居士
15．その他の居士
16．最近寺院建築復興の文化的，社会的，経済的背景

第２回《禅浄双修と人間仏教》——「打禅七」と「念仏打七」——

講師：北京居士林理事長　夏法聖先生　2003年11月12日（水）　同朋大学成徳館にて

1．禅浄双修の中心地，中心寺院，（居士林）
2．禅浄双修の目的と実践法
3．禅浄双修とは僧俗共通の修行法なのか，
4．浄土念仏は僧侶中心なのか，民衆中心なのか。
5．生前往生と死後往生
6．帯業往生と中国人
7．浄土思想とその祖師の選択理由
8．執持名号と「阿弥陀仏」四字の理由
9．現在「念仏打七」盛行の理由
10．社会での影響（積極的面と消極的面）
11．「人間仏教」の開拓者
12．人間仏教から見た浄土念仏
13．浄土念仏からの対応
14．社会から批判があるのか
15．他の宗教と交流
16．現代中国仏教の「三化」が提唱の動機（仏教の大衆化・信仰の生命化・仏法の生活化）

第３回《浄土念仏と死に因んで》

講師：北京居士林理事長　夏法聖先生　2003年11月13日（木）　同朋大学成徳館にて

1．念仏の推進者。観念の念仏か，称名念仏か
2．念仏の中心寺院，中心居士林
3．最近往生者の実例
4．浄土往生伝の紹介
5．仏教学者から見た浄土念仏
6．他の宗派から見た浄土念仏
7．臨終の問題
8．葬式
9．中陰思想
10．墓
11．死後の祭祀
12．一般仏教徒民衆の信仰
13．社会における寺院の役割
14．社会における居士林の役割

第6章

文化大革命後のモンゴル仏教の様態
——北京市雍和宮と承徳市普寧寺を中心として——

第1節　序　言

1966年に中国全土で開始された文化大革命で，モンゴル仏教は大きな打撃を受けた。文化大革命以前，中国国内のモンゴル地域だけで，仏教寺院は4,720カ寺あった。しかし，文化大革命により，それが激減した。現在復興し，再建され，法会を始めとするさまざまな活動を行なっている寺院は，およそ50カ寺だけである。文化大革命以前の北京では，モンゴル仏教寺院は38カ寺あったが，文化大革命の最中に38カ寺中の37カ寺が破壊されてしまい，唯一残ったのは北京雍和宮1カ寺だけであった（このことについては，本書第3章註17)でも述べたので省略する)。

東洋大学の菅沼晃氏の論文「モンゴル仏教の魅力」によれば，1936年から1939年にかけて，現在のモンゴル国にあたる地域では，スターリンの直接指導による仏教弾圧の運動が吹き荒れた。1939年以前の外モンゴルには，仏教寺院が約900カ寺あったが，現在ウランバートル市にはガンダン寺（dgaḥ ldan mgon pa）などのわずかな寺院を残して，他はすべて博物館などに転用されたか，破壊されてしまった。当時の革命政府によって，反革命の罪で銃殺された高級僧侶の数は2万人にのぼったともいう[1)]。

現在，中国で生活するモンゴル人は約500万人いるが，そのうちの60パーセントは仏教徒である。文化大革命以前，モンゴル人はすべて，仏教を信仰

2010年蒙古仏教文化高層学術論壇にて

していた。中国において，モンゴル人が生活しているのは，主に内モンゴル自治区である。そのほかに遼寧省・吉林省・黒龍江省の東北三省と，中国西部の新疆ウイグル自治区・甘粛省・青海省，また北京市を含めた河北省などでも，一部モンゴル人は生活している。

僧侶の養成機関としては，チベット仏教大学である中国蔵語系高級仏学院がある。中国蔵語系高級仏学院には，チベット地域の活仏とモンゴル地域の活仏が入学することができる。そのほか，モンゴル人僧侶を養成する仏教大学として，北京雍和宮（モンゴル語：Nairaltu nairamdaku sūm-e）がある。また，内モンゴル族自治区にあるモンゴル仏学院，山西省五台山にあるモンゴル仏学院などがある。しかし内実は，すぐれた仏教研究の成果を上げている日本の諸大学とは比較にならない。今後の向上が期待される。

筆者は，1997年以後毎年，モンゴル仏教寺院を訪問し，モンゴル仏教の現状を調査してきた。

本章では文革後のモンゴル仏教の様態の事例として北京雍和宮と承徳普寧寺の２寺院を取り挙げ，その由縁を述べる。そして２カ寺に関連しているさまざまな年中法会などが，どのような形で行なわれているかを，以下の７点について，具体的に論述したい。

①　２寺の総合的な年中法会を論究する。

②　２寺の戒律に関わる布薩儀軌を紹介する。

③　釈尊の誕生について，各国各地域各宗派によっていろいろな形式で記念法会を執り行なってきた。ここで２寺の釈尊誕生会を通して中国仏教，日本仏教，上座仏教などと比較研究する。

④　瞑想の修行法は古くから今日に至るまで各地で実践されてきた。ここではモンゴル仏教の特色である瞑想念仏を論ずる。

⑤　チベット仏教とモンゴル仏教では，釈尊が娑婆世界にいたとき，いろいろな神通力を現わして，悪魔外道を調伏したと考えられている。これに基づいて行われている大願祈禱法会の由来とその意義を明らかにする。

⑥　仏教では灌仏という儀式があり，国や宗派によって異なる。モンゴル仏教における灌仏とは，どのような目的をもち，どのように執り行なわれているのかを具体的に解明する。

⑦　最後にモンゴル仏教における金剛駆魔神舞について論述する。一般的な考え方では「駆魔」といえば，仏教以外の他宗教を指す。しかし，モンゴル仏教では，人間それぞれ（個人）の内在の敵（貪・嗔・癡）などを追い払うことと考えている。この金剛駆魔神舞の起源などを明らかにする。

第２節　雍和宮と普寧寺の由縁

雍和宮は北京市最大のモンゴル仏教寺院であり，いわば，モンゴル仏教の総本山である。清朝の乾隆帝の勅願寺として，乾隆９年（1744）に雍正帝の追善のために，宮殿を改修して完成した。地上18メートル，地下８メートルの弥勒仏像は，ダライ・ラマ７世カルザンギャムツォ（skal bzaṅ rgya msho，格桑嘉措，1708-57）の命により，インドから運ばれた，1本の白檀の巨木を彫り上げた仏像である[2)]。

中国全土で一切の宗教信仰が禁止されていた文化大革命の間，雍和宮でも法会と修行生活の一切が禁止された。文革が終わり，1978年12月の第11期第3回中央委員会の全体会議において，新しい中国の宗教政策が発表された。3年後の1981年には，雍和宮で法要を始めとして仏教活動が再開された。そして1987年1月には，大願祈禱法会も再開された。

普寧寺（dPal chen nor bu gliṅ）は，乾隆20年（1755）から4年をかけて，33,000平方メートルの広大な敷地に創建された寺院である。北京から北東へ約180キロメートル離れた承徳市にある。かつては熱河省と呼ばれた地域であり，皇帝の避暑山荘としては，中国最大のものがその中心にある。避暑山荘の外周には清代に12カ寺のモンゴル仏教寺院が創建され，「外八廟」と通称された。普寧寺の資料によると，1949年以前，ここにはモンゴル人僧侶が948名在住していた。しかし，中華人民共和国となった1949年には52名に減少し，承徳市では，普寧寺だけに僧侶が住む状態にあった。文革が終わって，信教の自由が認められ，初めて僧侶たちが，普寧寺を修行道場として安住できるようになった。1987年，普寧寺に承徳市仏教協会が設立された。現在，2名の活仏が主持と副主持を務めている。そして約80名の僧侶が法要やさまざまの分野で仏教活動を行なっている。なお同寺は，1961年に「中国全国重点文物保護単位」（国家重要文化財）に指定され，1994年には国連の「ユネスコ世界文化遺産」にも登録されている[3)]。

第3節　年中法会活動

モンゴル仏教における年中法要の内容は地方で異なる。仏学院を擁する寺院と擁しない寺院の相違，あるいは寺院の規模で異なっている。雍和宮と普寧寺では毎朝，法輪殿・大雄宝殿において６時から７時30分まで，約50名の僧侶が集まって法会を行なっている。普段，念誦する経典には，『悲願誦（*dMigs brse ma*）』，『帰依発心儀（*sKyabs ḥgro sems bsked*）』，『兜率天上師瑜伽法（*dGaḥ ldan brgya ma*）』，釈迦牟尼仏讃（*sKabs gsum pa*）』，『二十一尊聖救緑度母礼讃（*hPhas ma sgrol ma la bstod pa*）』，『白度母（*sGrol dkar bstod pa*）』，『般若心経（*bCom ldan ḥdas ma Ces rab kyi pha rol tu phyin paḥi ñiṅ po*）』，『上師供養法（*bLa ma mchod pa*）』，『阿弥陀仏呪文（*Amitābhhaḥi gzuṅs*）』などがある[4)]。毎月旧暦の１日，８日，15日，月末には，寺院の住持を始め，僧侶全員が法輪殿に集まり，午前と午後の２回法要を行なっている。先ほどあげた普段念誦している経典のほかに，『護法関羽経』『吉祥天母経』などを加えて念誦する。

モンゴル仏教では，１月１日には弥勒仏の誕生を記念して盛大な法会を行なう。現在の中国では宗教に政治がからみ，ほとんどの仏教寺院で『祈禱国泰民安大法会』という題目をかかげて，旧暦の正月１日を迎えている。

毎月の８日は清浄日である。僧侶を始め，一般庶民は，毎月８日に『清浄経』を念誦することによって，福徳を積むことができると信じている。モンゴル仏教の僧侶はチベット仏教と同様に，普段は精進料理を口にしないものの，この日だけは一般庶民も精進料理で１日を過ごす習慣が続いている。どの寺院でも，どの家庭でも，この日はモンゴル語でいうブレイセ（bureise）を食べるのが習慣となっている。ブレイセとは，砂糖，バターなどのいろいろな食材と蒸し上げたご飯をまぜて炒めた料理である。

第４節　布薩儀軌

毎月15日と月末の日は懺悔の日である。これがウポーサタ（uposatha，布薩）儀軌である。ウポーサタの朝は，僧侶が集まり全員で懺悔の会を催す。

小寺院の僧侶は大寺院に行き懺悔会（gso sbyoṅ）に参加する。懺悔会では，『総懺悔経（*sPyi bśags*)』『三十五仏懺悔経（*lTuṅ bśags*)』などを念誦して懺悔する。懺悔の法会である布薩懺悔は，次の三つの「続」(gso sbyoṅ gi skabs kyi rgyud gsum，長浄三続ともいう）から成っている。

1つは「頂礼続」(phyag ḥtshal baḥi rgyud）である。これは僧侶全員による仏像への礼拝である。2つは「誦経続」(mdo ḥdon baḥi rgyud）である。これは僧侶全員による『釈迦牟尼仏讃』を始めとした『懺悔経』の念誦である。3つは「廻向続」(bsṅo baḥi rgyud）である。これは僧侶全員が布薩阿闍梨（uposatha-acārya）に向かって，3名が1つのグループとなって，それぞれ自分がこの半月の間に犯した罪悪を反省し，その罪悪を告白する懺悔である。また，このウポーサタは中国仏教では，「誦戒日」といわれる日である。

第5節　釈尊誕生会

モンゴルの旧暦4月は吉祥月である。雍和宮では，旧暦4月13日から16日までの4日間を，釈尊の「誕生日・成道日・涅槃日」とし，盛大に法会を行なっている。普寧寺では，旧暦4月8日から15日までの8日間にこれを行なっている。1990年の旧暦4月15日に，中国仏教協会の前会長であった趙樸初の唱導に共鳴して，中国の各地方で，浴佛節・衛塞節の法要が行なわれた。趙樸初は，旧暦4月15日は，釈尊の誕生・成道・涅槃を記念する日として指令した。この指令を受けて，中国各地の仏教寺院は，旧暦4月15日を仏教徒の祝日として，盛大に法会を行なうようになった。北京市では，漢伝仏教寺院の広済寺・法源寺・広化寺と，チベット仏教大学とモンゴル仏教の雍和宮と，尼僧寺院の通教寺などでも，記念日の法会が行なわれた。趙樸初も各寺院に詣でて線香などを供えた。この期間に1つでも善いことをし，「南無阿

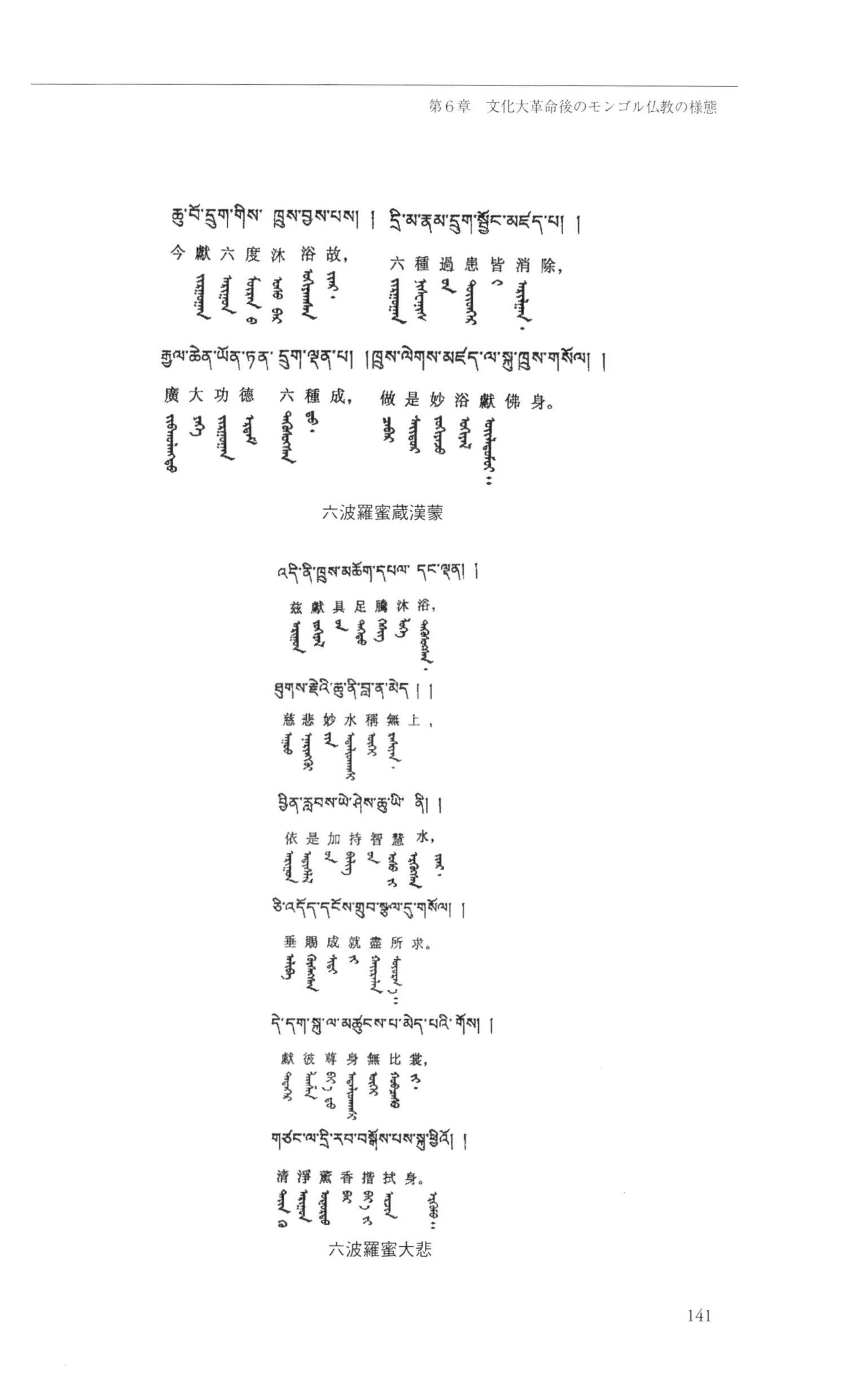

ཆུ་བོ་དྲུག་གིས་ ཁྲུས་བྱས་པས། ། དྲི་མ་རྣམ་དྲུག་སྦྱོང་མཛད་པ། །

今 獻 六 度 沐 浴 故，　六 種 過 患 皆 消 除，

རྒྱལ་ཆེན་ཡོན་ཏན་ དྲུག་ལྡན་པ། །ཁྲུས་ལེགས་མཛད་ལ་སྐུ་ཁྲུས་གསོལ། །

廣 大 功 德　六 種 成，　做 是 妙 浴 獻 佛 身。

六波羅蜜藏漢蒙

འདི་ནི་ཁྲུས་མཆོག་དཔལ་ དང་ལྡན། །

玆 獻 具 足 騰 沐 浴，

ཐུགས་རྗེའི་ཆུ་ནི་བླ་ན་མེད། །

慈 悲 妙 水 稱 無 上，

བྱིན་རླབས་ཡེ་ཤེས་ཆུ་ཡི་ ནི། །

依 是 加 持 智 慧 水，

ཅི་འདོད་དངོས་གྲུབ་སྩལ་དུ་གསོལ། །

垂 賜 成 就 盡 所 求。

དེ་དག་སྐུ་ལ་མཚུངས་པ་མེད་པའི་ གོས། །

獻 彼 尊 身 無 比 裳，

གཙང་ལ་དྲི་རབ་བསྒོས་པས་སྐུ་ཕྱིའོ། །

清 淨 薰 香 揩 拭 身。

六波羅蜜大悲

弥陀仏」や「南無観世音菩薩」の真言を１回だけでも念誦することができれば，普段の３万回の善いことや，３万回の真言の念誦に匹敵すると信じられている。チベット族，モンゴル族，タイ族などのチベット語系仏教と，南伝パーリ語系上座仏教では，毎年の西暦の５月の満月の日を，釈尊の誕生・成道・涅槃の記念日であると考えている。これと異なり，中国の仏教徒や日本の仏教徒などの漢伝仏教国は，旧暦の４月８日を釈尊の誕生記念日として法要を行なっている。

1950年，世界仏教徒会議がスリランカの首都コロンボにおいて第一次の会議を開催した時，釈尊の誕生を紀元前623年，成道を紀元前588年，涅槃を紀元前543年に確定した。４年後の1954年，第３次世界仏教徒会議がビルマの首都ラングーンで開催された時，衛塞日（パーリ語：Vesākhapūjā）を「世界仏陀日」（Buddhajayanti）とすることを決議した。それ以来，各国の仏教徒はこの日を釈尊の自覚・覚他・覚行円満の智慧の光りが全世界を照らした記念の日とし，さらに釈尊の慈悲平等の教えをもって人類の平和を祈願している[5)]。上座仏教では，釈尊の誕生・成道・涅槃は，５月の満月の日であると考えている。３つの記念日を合せて祝賀するために「衛塞節」といい，また同時に３つのことを記念するために，「三期同一慶」ともいう。中国の仏教徒は，中国政府から承認を得て「仏吉祥日」という名称で，祭日として記念法会を行なっている。

第６節　普寧寺マニ法会（瞑想念仏）

旧暦４月８日から15日までの間，普寧寺の僧侶は大雄宝殿で「マニ経」念誦の厳しい修行法要を行なっている。修行僧はこの８日間，観世音菩薩の真言である「オム・マニ・パド・メ・フン」（oṃ maṇi pad me hūṅ）を念誦する。この間は，人に話し掛けると，修行にならないとされている。１日24

時間のなかで，食事と茶をとることができるのは，朝と昼の2回だけである。それ以外の時間は，水一滴も口にすることができない。この法会を，千手千眼観世音菩薩を本尊とする「マニ法会」という。マニ法会では，僧侶は一切の肉食を断ち，精進潔斎してきわめて厳粛に法会がとり行なわれる。マニ法会には，寺院の僧侶全員が出仕するのはもちろん，遠近の僧侶が随喜助法する。

第7節　大願祈禱法会

雍和宮では，旧暦の正月23日から2月1日の間，大願祈禱法会が行なわれる。チベット仏教では，釈尊が在世の時，チベット暦の正月1日から15日の期間に，いろいろな神通力を現わして，悪魔外道を調伏したと考えられている。そのため，チベット仏教では，チベット暦の正月を「神変月」と呼んでいる。そして，この神変月に大神変節を定めた。この大神変節がチベットとモンゴルの各寺院で盛大にとり行なわれる大願祈禱法会である[6)]。

法要の最後の2日間，すなわち旧暦の正月29日あるいは30日と2月1日には，一般の中国人が跳布札とか打鬼と呼ぶ，「金剛駆魔法舞」という舞いが奉納される（第9節参照）。これはモンゴル仏教の踊りである。2月1日午後3時から，大願祈禱送鬼という儀式が行なわれる。この大願祈禱送鬼という儀式は，日本の節分の行事に似ている。すべての悪魔や鬼神を外に追い出せば，この1年を幸福に過ごせると信じられている。仏教者が正法を修行する時，「内・外・密」の悪魔や鬼神を除くことが必要であると考えているからである。

第８節　モンゴル仏教の『献沐浴誦』

『献沐浴誦（*sPyan ḥdren khrus gsol*)』という経典は，大・中・小の３種類がある。大は１週間にわたる法会で念誦され，中は毎日の法会で念誦され，小は僧俗が随時に念誦するものである。『献沐浴誦』は，法要を行なう道場を清浄にし，悪魔を調伏し，仏・菩薩・護法神らを招請することから始まる。仏・菩薩の身・語・意に，沐浴を献じて，衆生の身・口・意の煩悩を清浄にする。本来，仏・菩薩は，清浄な悟りの世界にあるから，沐浴は不必要である。しかし，修行者が仏・菩薩に沐浴を献じることは，福徳であり，この福徳によって仏・菩薩の慈悲心による他力と，おのずからの敬虔な信仰心が一体となって，悟りを求める修行法となるのである。

最後に，一切の衆生が清浄の浄土に往生することを祈願する[7)]。

第９節　モンゴル仏教における金剛駆魔法舞

金剛駆魔法舞は，正式には「密呪續部大海之舞蹈」(gSaṅ chen rgyud sde rgya mtshor bstan paḥi ḥcham）と呼ばれ，モンゴルの仏教寺院では，年中行事として重要な法会の１つとなっている。その歴史は，チベット仏教のパドマサンバヴァ（Padmasambhava，チベット語：Pna ma ḥbyuṅ gnas，蓮花生大師，インド出身）の時代の８世紀にさかのぼり，チベット密教の金剛乗の壇城儀式において行なわれる地舞や供養舞にその起源があると考えられている。

法舞はチベット密教に特徴的な息災・調伏の儀式の呪法で，悪魔を調伏することをねらったものである。神舞を踊る時，修行者は本尊を観想する。観想する中で，護法神が修行者の肉身と同化する。護法神となった修行者の肉

弥勒繞寺

金剛駆魔法舞

身は，自分の我執や他人の我執の一切を我が身にとり収める。そして，とり収められた一切の我執を，火の中で燃え盛る，トルソルと呼ばれる悪魔の依り代に向かって投げ捨て，圓融無碍の自在な境地に至る。法舞が今日までモンゴルの地に残ってきたのは，モンゴル人が仏の教えに敬虔な信仰をもっていたからであるが，仏教伝来以前においてもシャーマニズム的なボゲインシャシン教に基づく踊りがあった。ボゲインシャシンのブジグの踊りでは，1年の無事安穏を祈っていたが，仏教伝来以後は金剛駆魔法舞がこれに取って代わった。

学者の多くは，金剛駆魔法舞はチベット仏教の修行僧ラルンバルドルジェ（Lha luṅ dpal rdo rje，拉龍貝吉多吉）が，仏法を廃滅したチベットのランダルマ（gLaṅ dar ma，朗達瑪，836-842）王を殺害した838年に始まるとしているが，筆者はこの説に賛成できない。チベット密教を修行したラルンバルドルジェが，黒く塗った白馬で河を渡って白馬に変わり，王の軍隊の追跡を振り切ったという黒白馬の故事が，金剛駆魔法舞修行の事実を明かしていると思われる。また，チソンデツン王がチベット仏教最初の寺院であるサムエ寺を建立した時に，悪魔調伏のために法舞が踊られたという史実から考えても，775年頃にはすでにチベットで法舞が行なわれていたと考えられる。法舞のモンゴルへの伝来は元の時代であろう。チベット仏教のサキャ派の教えが，モンゴルに伝来したのと軌を一にして，この儀式も伝来したのであり，それが定着したのはゲルク派の教えがモンゴルに伝来したのと同時期であったと考えられる。

第10節　結　語

周知のように，20世紀初頭に始まる中国大陸を舞台とした戦乱，それに続く文化大革命が終結するまでの国内の混乱によって，56を数える諸民族固有の民族文化や，諸民族固有の宗教信仰は甚大な被害にあった。モンゴルの民族文化や仏教文化もその例外ではない。これらの災難のすべてや，そこから派生する一国の文化や，民族問題，宗教問題の一切をここに網羅することは，困難なことである。筆者は，本章で主にモンゴル仏教の代表的な寺院である，雍和宮と普寧寺の２寺院を取り上げるにとどめざるを得なかったが，「知一解百」(一を知りて百を解す）べきであろう。

２つの寺院の現状の解明から，モンゴル仏教のさまざまな復興の姿が浮き彫りにされるのである。

註

1）　菅沼晃「モンゴル仏教の魅力」(『春秋』435，春秋社，2002年）１，13頁参照。

2）　金梁編纂『雍和宮志略』(西蔵漢文文献叢書第三輯之二，中国蔵学出版社，1994年）参照。

3）　楊時英　楊本芳『外八廟大観』(中国地質出版社，1992年）１～26頁。

4）　李舞陽主編「蔵伝仏教礼讃祈願文（rGyun ḥdon bstod smon phyogs bsgrigs)」(『蔵伝仏教文化叢書』中国民族音像出版社，1997年）参照。

5）　浄慧主編『法音』(中国仏教協会編，第７期，1990年）４頁。

関於挙行仏吉祥日法会的通告

各省，自治区，直轄市仏教協会：

我国蔵語係仏教徒，巴利語係仏教徒及多数国家的仏教徒，均以毎年公暦五月的月円日為仏陀誕生，成道，涅槃記念日；我国漢語係仏教徒則以毎年農暦四月初八為仏陀誕生記念日。経趙樸初会長倡議，漢伝仏教各寺廟将公暦五月的円日（農暦四月十五日）定為“仏吉祥日”，挙行慶典。這様做，既可体現仏法的荘厳性和一致性，也有利於増強各地各族仏教徒之間的友誼和団結。為此，本会希望従今年開始在漢伝仏教各主要寺廟挙行仏吉祥日法会。今後，各漢伝仏教寺廟除在毎年農暦四月初八挙行伝統的浴仏法会外，均応荘厳隆重地挙行仏吉祥日法会。特電通告，希積極予以配合為禱！

中国仏教協会

一九九〇年五月四日

仏教の吉祥祝日（仏吉祥日）法会実施に関する通告

各省，自治区，直轄市の仏教協会：

我が国におけるチベット語系の仏教徒や，南伝パーリ語系の上座仏教徒および世界の多数の各国家と地域の仏教徒は，ひとしく毎年新暦五月の満月の日をもって釈尊の誕生・成道・涅槃の記念日としている。我が国における漢語系の仏教徒は，それらと異なり，毎年旧暦の４月８日に，釈尊の誕生記念日の法会を行なってきた。趙樸初会長の提案により，中国における漢伝仏教の各寺院においても，新暦五月の満月の日（旧暦の４月15日）を，「吉祥祝日（仏吉祥日）」として祝典を行なうことに決定した。このようにすれば，仏法の荘厳を表わし，各国仏教界の相互理解を促進することができる。さらに各地域，各民族の仏教徒の間の友好と団結を強固なものとするのに役立つと考えられる。そこで，本［中国］仏教協会は今年から，中国における漢伝仏教の各主要な寺院において，「仏吉祥日法会」を行なうよう要請したい。今後とも各漢伝仏教の寺院では，毎年旧暦４月８日に，伝統的な釈尊の誕生記念日の「浴佛法会」を行なうとともに，さらに荘厳かつ盛大に「仏吉祥日法会」を執り行なわなければならない。

以上のことを特に通告し，各位が積極的に協力されんことを願うものである。

中国仏教協会
1990年５月４日

6） 丹迴冉納班雑・李徳成『名刹双黄寺　清代達頼和班禅在京駐錫地』（中国宗教文化出版社，1997年）201～208頁。

7） 胡雪峰・嘉木揚凱朝編訳『蔵漢蒙佛教日誦（*Tubed kitadmonggol qabsurgagsan qandon nom*）』（中国民族出版社，2009年）308～322頁。

第7章

仏教の理念をもって信仰と道徳を考える

第1節　序　言

中国では「以人為本（人をもって基本とする）[1]」ということがよく話題になる。どのようにしたら社会の調和と世界の平和に貢献できるかということである。それには,「信仰」とは何か,「道徳」とは何かを明らかにしなければならない。しかし，表面的な「信仰」や「道徳」にとらわれて，それに内在する深い意味を理解しなければ，世の中はいつまでも調和せず平和にならないであろう。

仏教の「慈悲喜捨」（パーリ語：mettā karunā muditā upekkhā）の理念から「信仰」を考えるときには，まず「因果」の理念を理解しなければならない。「因果」は，どのような関係をいうのか。まず人間である私が何者であるのか。人間としてどのようにこの世界に来たのか。私はどのように成長し大人になったのか。私の父親と母親は誰なのか。「自知之明（自分は自分を知る）」のように，自分が自分を知った上で私は何をするべきなのか。何をしたらいけないのか。これらのことをしっかりと把握し，正確に自己を認識しなければならない。

こうして，私たちは，絶え間なく「感恩，要念恩，不要懐恨，要知恩，不要忘恩，要感恩，不要以怨報，要報恩徳，不要恩将仇報」と，恩を念じ，感謝し，恨みを抱いてはいけない。恩を知り，恩を忘れてはいけない。感謝に

雍和宮版画「無量寿仏」

よって恩を返さなければならない。恨みによって報いにしてはいけない。報恩すべきであり，恩を恨みにしてはいけない。「心境平和」のように心を落ち着けて毎日，毎週，毎月，毎年を楽しく過ごさなければならない，と思うのである。

「要瀟灑人生，不要虚度年華」，要するにさっぱりとしたスマートな人生を送るのである。空しく歳月を過ごし，人生を無駄に過ごしたら，人間として生まれてきた甲斐がない。今生の自分の人生を大切にしないと，自分にも申し訳がないであろう。

仏教の教えでは「仏法難聞今已聞，人身難得今已得；此身不向今生度，更向何生度此生」と，仏法を聞くことは難しいのに，今法を聞くことができる。人間として生まれることが難しいのに，今人身を得ている。この身は，今解脱しないで，更に何世を経て煩悩から解放されるのかを教えてくれる。教えにしたがって，正しい理念に立って生活し，人生を送らなければならない。

第２節　『華厳経』で説く浄土信仰について

六十巻『華厳経』の「賢首菩薩品」には，「信は道の元にして功徳の母と為し，一切の諸々の善法を増長す（信為道元功徳母，増長一切諸善法）」（『大正蔵』９，433頁ｃ）とある。『華厳経』では，信は仏道の第一歩であり，初発心こそが解脱道の根源であると説く。それについて日本の鎌倉期に生きた親鸞聖人は，「善導和讃」の中で「信は願より生ずれば，念仏成仏自然なり。自然はすなわち報土なり。大涅槃を疑わわず」（『真宗聖教全書』２，高僧和讃510）と説いている[2)]。念仏の信は，願より生じるから，成仏は自然であるという。つまり，信は願いを背景にして初めて信を得るともいえる。だから信は願から生じることからすれば，初発心と願（本願）が同質のものでなくてはならない[3)]。

仏教の教えからすれば，一切の衆生は，仏教に寄りすがる。まるで生まれたばかりの赤子が，母親の温かい胸に保護されているようなものである。心を込めて正確に仏教を学ぶことができるならば，それは勝れた真実の功徳であり，また仏・法・僧の三宝の教えの真理にも通じる。仏と菩薩は大慈大悲をもって一切衆生に対して加威力を施し，智慧を与え，福徳を与える。それだけでなく，仏や菩薩の智慧と福徳は無限であり，有縁の衆生を煩悩から解放し，最終的に成仏することができると信じさせる。

第３節　ツォンカパ大師による信仰と道徳の思想

ツォンカパ大師の著『釈迦牟尼仏賛（*skabs gsum pha bshugs so*）』には，

de bshin gśegs pha khyed sku ci ḥdra daṅ // ḥkhor daṅ sku tshiḥi tshad daṅ shiṅ khams daṅ // khyed kyi mtshan mchog bzaṅ bo ci ḥdra ba // de ḥdra kho nar bdag sogs hgyur bar śog / khyed la bstod ciṅ gsol ba btab paḥi mthus // bdag sogs gaṅ du gnas paḥi sa phyogs der // nad daṅ dbul phongs ḥthab trsod shi ba daṅ // chos daṅ bkra śis ḥphel bar mdsad dug sol //[4)]

(如来体微妙云何，及於眷属共寿量；境界及於号云何，願我等皆亦復然。賛祝釈尊微善力，我等随方所在処；病魔貧争尽消除，法祥増長祈皆賜。)

如来の聖なる体のように，及びその眷属に於いて共に寿量も，境界も及びその妙号と同じように，私たち衆生の寿量も，如来と共にあることを願い奉る。釈尊を称賛する善力をもって，私たちは所在する一切の場所，一切の病魔と貧乏と争いは消除され，法による吉祥を増長したまうことを祈り奉る。

と説いている。

『聖大解脱経』に「何謂菩薩，不由他教，自行六波羅蜜，長者即如来」とある。すなわち，「どうすれば，菩薩と言えるのか。菩薩は他人からいわれなくても，自ら六波羅蜜（布施・持戒・忍辱・精進・禅定・智慧）を実践できる人間のことであり，年長の人は，すなわち如来である」とも説いている。私たちといつも一緒にいる父親と母親は，私たちにとって真の仏・菩薩であり，私たちの最高の依りどころである。

ツォンカパ大師は『ラマリム（菩提道次第広論）』で，六波羅蜜を修行するのが，煩悩から解脱する修行道であり，四摂法（布施・愛語・利行・同事）[5)]を行うのは，一切の衆生を救済する利他行であるといっている。だから，六波羅蜜と四摂法の真の意味を理解し体得しなければならない。

仏教の「縁起有，自性空」という理念から考えれば，諸々のものはすべて縁起によって存在するから，自性によって存在することはできない。そこで「衆縁和合」という因果の道理から考えれば，「慈・悲・喜・捨」によって一切の衆生に平等に感謝しなければならない。なぜならば，父親と母親を始めとする人々は，私の幸福であり，私が信頼することができる力強い依りどころとなるからである。私は，父親と母親を始めとする人々を依りどころにすることによって，はじめて「心無挂碍，得大自在」として，粘り強く精進する信念が生じてくるのである。

モンゴルやチベットの仏教では，「為父為母有情願成仏」，すなわち，「父親と母親を始めとする一切の有情のために成仏を祈願する」のである。一切の衆生は，私の福徳の依りどころであるので，一切の衆生に対して，今の自分の家族と同様に，まるで父親や母親や，兄弟や，姉妹であるかのように慈愛をもち，互いに助け合わなければならない。これは，修行者である私にとって，「福徳と智慧」の資糧を積む最高の機会を与えられたことであると考えられている。

『釈迦牟尼仏賛』には，

ston pa ḥjig rten khams su byon pa daṅ // bstan pa ñi ḥod śin tu gsal ba daṅ // bstan dsin bu slon śin tu mthun pa yi // bstan pa yun riṅ gnas paḥi bkra śis śog //[6)]

（一切諸仏興於世，聖教顕明如日光；持教相和如兄弟，願施正教恒吉祥。）

一切の諸々の仏は，世を興し，聖なる教えは日光の如く明らかである。仏教に帰依している人は，兄弟の如く相和み，正しい教えは常に吉祥であることを願う。

と説いている。

諸仏・諸菩薩はそれぞれの「本願」と「誓願」を立てる。人々を救済し，人々を護り，人々の願いを円満させる。衆生はいろいろであり，それぞれにそれぞれの願いがある。だからモンゴル仏教寺院では，仏教の「対機説法」の方便により，病気の原因によって治療する方法をいろいろに変えて，人々の願いに応じて法会を執り行っている。

モンゴル仏教の重要な修行法の一つの特徴は，母なる一切衆生を聖なる幸福田であると考えることにある。一切衆生を自分の今生の父母，兄弟，姉妹であるかのように愛し，互いに助け合わなければならない。こうすることによって，成仏の条件の一つである「福徳資糧」を得る修行の要因になると信じられている。

したがって，こういう意味から，モンゴルの地の母親にとって，自分の子が僧になることは，「金の塔」(altan suburga) を造ることと同等であるとされる。僧になった子が，母なる一切衆生に利益を施すことは，母親にとって最高の光栄であるとされる。

以上のように考えれば，もし父親と母親がいなかったら，人の今日の人生は成立しない。それぞれの家族の父親と母親は，それぞれの子供たちを無私の慈悲の心で養育する。父親と母親の愛は世界で最も純粋な愛であり，真実であることは言うまでもない。だから，仏教の教えでは過去，現在，未来のすべての衆生を今日の父親と母親のおかげであると考える。父親と母親への「知恩，念恩，報恩，慈愛，大悲，増上意楽（広大的な責任感），発菩提心」を実行しなければならない。「一切衆生是我的幸福田」，すなわち，「一切の衆生は私の福徳の依りどころ」である。父親と母親を始めとする「各行各業」，各分野や各領域の人々は，みな私のために心と物質によってつとめを果たしている。だから，社会の人々のお陰に依らないでは，私はこの世界で一日も生きることができない。仏教の教えは「衆縁和合，善待衆生，念恩，感恩，報恩」，人間としての理念をもって人間として生活を送ることを説くのである。

『上師供養儀軌（*bla ma mchod paḥi cho ga bshugs so*）』にはこのようにある。

raṅ ñid gces ḥdsin rgud pa kun gyi sgo // ma rnams gces ḥdsin yon tan kun gyi gsi // de phyir bdag gshan brje baḥi rnal ḥbyor la // ñams lin sñyṅ por byed par byin gyis rlobs // des na rje btsun bla ma thugs eje can // mar gyur ḥgro baḥi sdig sgrib sdug bsṅal kun // ma lus da lta bdag la smin pa daṅ // bdag gi bde dge gshan la btaṅ ba yis // ḥgro kun bde daṅ ldan par byin gyis rlobs //[7)]

（愛執自己衰損門，愛執諸母功徳本；
故以自他等換行，作修心要祈加持。
至尊上師大悲者，慈母有情罪障苦；
今於我身令成熟，尽我楽善施捨他；
衆生具楽祈加持。）

自己を愛執することは，自己を衰損する原因である。諸々の母親を愛執することは，すべての功徳の原点である。その故に自他を切り換えて修行し，心を込めて修行することを祈り加持し奉る。
至尊である上師は，大悲者であり，慈母である有情の罪障苦を，今はすべて我が身に成熟し，我のすべての楽善をことごとく慈母である有情に与え，すべての衆生の幸福の円満を祈り加持し奉る。

第４節　星雲大師と弘一法師の人生観

台湾仏光山の星雲大師が，台湾で「身体要做好事，口要話好話，心要存好念，三好運動」と説いている。人々に対して，身体で善いことを行えば，善い行いであり，口で善いことを話せば真実の話となり，心に善いことを念じれば「真・善・美」となる。これが「三好運動」である。喜びで普く世界を照らし，幸せで普く世界を照らすと祈願している。

「三好運動」は，仏教徒に対する仏教の基本的な要求である「十善法」を包含している。すなわち，第一不殺生戒，第二不偷盗戒，第三不邪婬戒（清浄行）の三つの戒は身善であり，第四不妄語戒，第五不酤酒戒，第六不説過戒，第七不自賛毀他戒の四つの戒は語善であり，第八不慳法財戒，第九不瞋恚戒，第十不謗三宝戒の三つの戒は意（心）善である。[8)]

人々が，「十善法」の教えに従って自分の「一言一行一思」の生活を送れば，必ず星雲大師が説いた「三好運動」の善人になることができるであろう。仏教の僧俗は「十善法」に従って生活し修行しなければ，仏教徒ではあり得ない。さらにいえば，「正見正信」である仏教徒として認められない。

続いて中国仏教の弘一法師の教えでは，「士以致遠者，当先器識而後文芸」，すなわち，「遠い夢をもっている人は，まず正確な人間を育て，その後文化と芸術などをすべきである」と考えている。だから，弘一法師は「人格修養，次重文芸学習。応使文芸以人伝，不可人以文芸伝[9]」と説く。すなわち，「人格の育成を大切にし，それから後に文化や芸術を学ぶのである。文化や芸術は，人によって継承されるべきものであるが，人は文化や芸術によって必ずしも継承されるものといえない」と教えている。

弘一法師は「以一貫之」，まず善人になり，それから仕事をすることを理念としている。こうした偉大な人格による「慈悲做人，智慧做事（慈悲で人々を愛し，智慧で人々を助け合う）」をもって普く一切の衆生を救済し，一切の衆生の苦を抜き，恵みを与える精神は，後世の人達の人生観に強い影響を与えるものと思う。

第５節　儒教と道教および仏教の「因果関係」について

仏教者である王志遠博士は，仏教で説く「因果関係」の道理が中国に大きな影響を及ぼしていると考えている。中国の2000年の歴史の流れの中で，仏教は，完全に中国化してきた。いずれも儒教と道教などの土着の文化・思想と融合し，ともに中国の伝統と文化の主流になった。王志遠博士は，仏教の「衆生平等」の思想と儒教の「仁」の精神によって，中国人の「寛厚仁愛的行徳」が創造されたという。仏教思想の「因果」という二字の道理は，中国の歴史や文化を考える際に，避けて通ることができない重要な概念である。

仏教が中国に伝来する以前，中国人は「善有善報，悪有悪報」や「積善之家必有余慶，積悪之家必有余殃」といった考え方をしてきた。ところが現実の生活のなかでは，そうした考え方だけで問題を解決するには物足らないところがある。人々は善を積むという信念が薄くなってきた。仏教の教えである「業報輪廻」の観念が，以前の思想と違って展開されてくる。人々それぞれの運命は，それぞれ過去世で行なった業から生じる。すべては自分で責任をもたなければならない「自業自得」ということである。父親と母親の世代で作った善い行ないは，その父親と母親がその前世で作った行ないの結果である。一方，子供たちが作る「悪報」は，父親と母親とは何も関係がない。こうして家族全体が相互に責任を取ることが，結果的に個人の社会的な責任を取ることへと展開されたのである。

以上の点を考えれば，「輪廻」の観念は，２つの方面において積極的な現実的意義をもつことになる。１つの方面は，人々が信念を起こし，善人として今世で終わらなかったことを来世へ引きつぐことができることである。これは「死而不已（死ぬまで頑張ること）」である。だから，仏教は人々に希望をもたらすことができる。災厄で困難なときがきても，信仰をもっている人は，未来に確信をもつ。とくに「志士仁人」のような粘り強い人にとって信仰は大きな力となる。

もう１つの方面における「輪廻」の観念は，人々に悪事をさせないことに大きな役割を担っている。まるで形なき警察官のように，人々の「自律」を促している。昔から中国では，道徳を説くことと教育すること以外は，仏教の「輪廻」の観念がもたらした「自律」が有効な役割を果たしてきている。悪いことを起こしたら，必ず本人自身がその結果に対して責任を取らなければならない。要するに「自業自得」であり，自分で作った業を自分で受け取ることになる。だから，悪いことをする人も「霊魂戦慄」のように慄き恐れることになる。

仏教は平和的な方法で積極的に人々を導くものであり，「善因得善果」のように，善因は必ず善果を得るという理念をもっており，自ら努力すれば，必ずそれに見合うだけの福徳を獲得できるとする。このような理念は，世界の発展と文明の向上に積極的な意義があろう。

中国の儒教と仏教という２つの大思想は，中国の文化に多大な貢献をしている。要約していえば，儒教の「忠孝」という２字に含まれる「以孝為本，以孝作忠」，すなわち「孝」をもって基本となし，「孝」をもって忠とし責任を取るということである。

人と人との付き合いを考えてみれば，中国人は友だちをつくるときに「不知不覚（知っているのか，知っていないのか）」のように，まず友達になる人は親孝行しているのか，していないのかを確認した上で，話しを進めていく。なぜなら親孝行をしていなければ，その人とは友達にならないからである。親孝行をはじめとする「孝」は，中国の人間として基本的な原則である。親孝行できる人は，自然に友だちに対して忠実であり，また会社や仕事に忠実であり，国家へも忠実であり，あるいは世界の平和や人類の文明の向上へも忠実であると考える。だから，儒教の理念の「忠孝[10]」は，中国の人間の基盤であるといえる。

原始仏教の『吉祥経（*Maṅgala sutta*）』には，「若能孝敬父与母，定然妻慈子又孝；無有悪報心泰然，此真所謂勝吉祥[11]」とある。すなわち，「父と母に親孝行できれば，必ず妻は賢くて優しく，子供も親孝行をする。悪報がなく，心はいつも落ち着いている。これは勝れた真実な吉祥である」と説き，親孝行の偉大な功徳を教えている。

人々が，正確に「信仰と道徳」の関係を理解できるならば，必ず「認識自我，感恩他人，奉献社会，従我做起（自己のことを知り，他人に感謝し，社会に貢献することが，おのずからできる）」となる。

「認識自我」ということは，別の人ではなく，自分自身のことを指す。人間として世の中にいる限り，正確に自分のことを知る必要がある。私の父親と母親は誰なのか，私の国家はどこにあるのか，私はこの世界に生まれて来て，誰のお陰で成長し大人になったのか。もし，全ての人々が明らかに「認識自我」である自己を認識すれば，自然に他人に対して感謝しようとする心が起こり，社会的に貢献する責任感が生まれてくる。こうして，他人ではなく，自らやらなければならないという責任を確信することができると考えられる。

父親と母親が養育した恩に報じなければならない。社会の各方面が助けてくれた恩に報じなければならない。これらのお陰で，私は今日，幸福な生活を送っている。私はこれらの人たちと社会に依らなければ，この世界で一日も生きることができないからである。

第６節　仏教で説く「無我」について

仏教で説く「無我」は，絶対的な「我」はない，ということである。「我」は多くの人々や多くの社会団体，また大自然などに依って形成されているからこそ存在できるということである。だから人々は皆，相互の助け合いによって，世の中に共存できる。つまり，仏教では単独な「我」が自立的に存在することを否定していくのである。それを「無我」という。仏教で説く「縁起有，自性空」の理念は，報恩感謝への永遠の真理にも通ずる。また，仏教で説かれる「善」ということは，たとえ他人を助けることができなくても，他人を傷つけてはいけないのであり，同時に他人を傷つけることによって，自分の利益にならないことをしてはいけないのである。不殺生ということは，すなわち生命を助けることであるとも考えられる。正確に「信仰と道徳」を認識し，理解することによって友好に「共存共生」できる。こうすることが，最高の人生であり，「以人（仁）為本」という人生を送る理念に違いない。仏教は，人々に「止悪行善（悪を止め，善を行う）」という人生観を教えている。人間として生まれることは難しい。五根を揃えることは難しい。生命の短さはまるで泡のようである。「因果報応」の教えは虚偽ではない。すなわち「要知過去因，現在受者是；要知未来果，現在造者是（過去の原因を承知するのは，現在に受けている生活そのものであり，また未来の結果を知りたいと思えば，現在行なっているすべてのことが造るのだ)」と考えればよい。

正しい信仰を得て，得た人身を大切にし，命を無駄にせず，粘り強く「一日一善，一日不作，一日不食」の素晴らしい生活を送ることは，最高な人生である。

仏教の戒律上，自殺することは許されない。それは反戒律である。あなたの生命はあなただけの生命ではなく，父親と母親があなたを養育したり，学校があなたを教育したり，社会の人々が，あなたを助けたおかげで，あなたは，成長し大人になっているのである。

第7節　結　語

世間的な常識で考えても，私たちは，人間として世の中に生まれたのであって，一人も天から落ちた人はいない。大地から出てきた人もいない。誰にも父親と母親がいる。

釈尊は私たち人間の模範である。仏教で説く「報国土恩，報衆生恩」という思想は，原始仏教の時代からあったであろう。仏教で説く「報四恩」，つまり「父，母，国土，衆生の恩に報じる」という思想のルーツは八万四千を超える。仏教は「対機説法，応人説教，応病施薬」という対象と方法によって報恩感謝している。仏教の修行方法としては，修行者にとって，自分が積んだ福徳の資糧と智慧の資糧，つまり物質的なものと精神的なものをすべて無私と捉え，一切の衆生のために貢献することこそが真の修行である。真の修行者は「是舍，而不是取」すなわち，「一切の衆生に心と物を差し出し，逆に見返りを求めず，何ももらわない」ことである。真実である正しい信仰者は，まず父親と母親へ親孝行しなければならない。社会へ貢献しなければならない。そこから，人生観と道徳観は，より一層向上するのである。そうすることで修行者は，煩悩による業障から解脱し，福徳と智慧による資糧を円満し，大いなる自由自在，成仏することができるのである。

こうして，「慈悲做人，智慧做事（慈悲で人々を愛し，智慧で人々を助け合う）」という理念によって，先ず仏教でいう善人となり，善事を行うという人生の理念によって，社会への役割と人類文明の向上のために，人間として行うべきことを果たして貢献しなければならないのである。

註

1）　仏教の教えでは，「人成則仏成」というのである。つまり，正しい善い人になったから成仏することができると考えている。

2）　中村薫『中国華厳浄土思想の研究』（法藏館，2001年）９頁。

3）　前掲註２『中国華厳浄土思想の研究』10頁。

4）　胡雪峰・嘉木揚凱朝編訳『蔵漢蒙対照仏教日誦』（中国民族出版社，2009年）115～117頁。

5）　宗喀巴大師著・法尊法師訳『菩提道次第広論』「由布施故，令成聞法之器，以于法施生歓喜故，由愛語故，能令信解，由利行故，已修不退長時修行。」

6）　前掲註４『蔵漢蒙対照仏教日誦』117～118頁。

7）　前掲註４『蔵漢蒙対照仏教日誦』189～190頁。

8）　朝日篤厳編『曹洞宗日課経大全』（永田文昌堂，1977年）28～29頁。第一不殺生戒，第二不偸盗戒，第三不邪婬戒（清浄行）この三つの戒は身善であり，第四不妄語戒，第五不酤酒戒（無離間語），第六不説過戒（無粗悪語）第七不自賛毀他戒（無綺語）この四つ戒は，語善であり，第八不慳法財戒（起貪心），第九不瞋恚戒（無瞋心），第十不謗三宝戒（無邪見）この三つ戒は，意（心）善であると考えられる。（　）内は，モンゴル仏教とチベット仏教にある説明。

9）　韓秉芳「弘一法師与居士仏教」（金沢主編『世界宗教文化』中国社会科

学院世界宗教研究所，2011年第2期）74～75頁。

10） 王志遠「因果是仏教対中国的最大影響」（胡雪峰主編『雍和宮』1，2010年）49～52頁。

11） 原著：那拉達法師『仏陀与仏法（*The Buddha and his teachings*）』（新加坡仏教坐禅中心，1999年）538頁。

第 8 章

モンゴル仏教における無量寿仏灌頂の研究

第 1 節　序　言

本研究は，主に中国遼寧省阜新蒙古族自治県仏寺鎮にある瑞応寺（モンゴル語：ガイカムシガジョキラゴルッチス，Gaiqamsig jokiragulugd siim-e，チベット語：dGaḥ ldan dar rgyas grub gliñ1，通称：仏寺）の僧侶が，実際に一般のモンゴル仏教徒の自宅へ出向いて執り行なっている無量寿仏灌頂（Ayusi Borqan nu abhiseka）の実例を調査したものである。

本事例研究においては，モンゴル人は，どうしてこの無量寿仏灌頂の儀式を執り行なうのか。何処で，どのようにして執り行なうのか。これらを具体的に明らかにして行きたいと考えている。儀式を行なう僧侶は何人なのか，どのような経典を用いているのか，また，その動機などについて明らかにしたい。

なお，瑞応寺については，本書第 3 章第 2 節で紹介したので，説明は省略したい。

第 2 節　発願者の無量寿仏灌頂の概要

2002年 9 月10日，阜新蒙古族自治県仏寺鎮ホイトゥホロガ村（goitugoroga,

雍和宮名誉住持嘉木揚・図布丹老師による説法

北河攔）のナムレィ老人の自宅で，無量寿仏灌頂の儀式が執り行なわれた。無量寿仏灌頂を受けたのは，ナムレィ老人，73歳のモンゴル人であった。発願者はナムレィ老人の甥の呉宝龍氏である。

モンゴルでは古くから，延命長寿の対象として阿弥陀仏（無量寿仏）が信仰され，僧侶を自宅に招き，父母の延命長寿を祈願して，阿弥陀仏を讃嘆する経典による法要を依頼する習慣が広く行なわれている[1)]。今回はそれを瑞応寺の僧侶が無量寿仏灌頂の儀式として執り行なったのである。この無量寿仏灌頂の儀式を行なったのは，ナムレィ老人にとって，2002年が回り年にあたったためである。回り年には，自分の父母や年上の親戚に長く生きて欲しいと願って，寺院の僧侶を自宅に招き，無量寿仏灌頂の儀式を執り行なう。ナムレィ老人は呉宝龍氏の母の兄である。呉宝龍氏は村人から親孝行であると称されており，自分の父母だけではなく，積極的に村の老人たちに対するボランティア活動を続けている人物である。

無量寿仏灌頂の儀式を行なうにあたっては，儀式の対象となる老人本人の許可を得なければならない。この無量寿仏灌頂の儀式は，老人のために執り

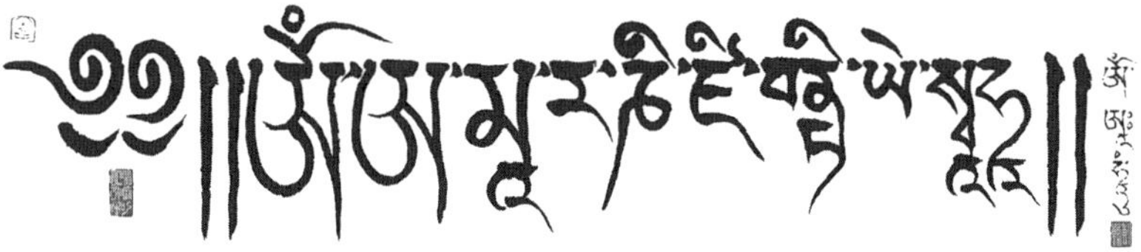

無量寿仏心咒

行なう儀式であり，若い人向けに執り行なわれることはない。また，寺院の住職あるいは総務長の許可を得なければならない。僧侶への布施や，村の人々に馳走するための費用も必要となる。日本円で５万円程度あれば，十分儀式を行なうことができる。発願者が寺院の許可を得た後は，いろいろな準備を整えなければならない。儀式は寺院ではなく，民家に４名以上の僧侶を招いて執り行なわれる。

ナムレィ老人の自宅は，寺院から１キロ離れた村にある。僧侶は，呉宝龍氏が用意した馬車で迎えられた。迎えられた僧侶は，80歳のサッゲラジャブ長老を導師とし，もう１人の80歳の長老と，３名の若僧とで，合計５人の僧侶であった。ナムレィ老人の自宅に村人がたくさん集まってきた。この儀式に参加し随喜灌頂を受けることができる人もすべて老人である。５人の僧侶がナムレィ老人宅に到着し，簡単なお茶の接待を受けてから儀式が始まった。導師が中央に坐り，左右に４人の僧侶が坐った。供養される物には，灯明・線香・ビラン（gtorma，酥油花）に加えて，果物，菓子などを含めた供物があった。用いる什器には，金剛杵（rdorie）・金剛鈴（dril bu）・ダマル・神鼓（mchod rna）・法螺（dun chos）・曼荼羅・宝瓶・五方仏宝冠などがある。ナムレィ老人と妻，その他の参加者は，５人の僧侶の方に向いて坐った。

灌頂に用いる聖典の『灌頂文』には「tShe mchog ḥchi med bdod ḥjo dban gi rgyal po gsol ḥdebs smon sis bcas pa shes bya pa bshugs so（勝寿であり無死であり衆生を満足させる灌頂の王と敬請と祈願と吉祥と名付ける［文］)」とある[2)]。モンゴル仏教では，ほとんどの聖典は文殊菩薩に対する

「na mo gu ru manjugho kaya（上師文殊菩薩に帰依し奉る）」という「偈文」で始まる。それから本文に入る。この『灌頂文』は，チベット仏教ケルク派の活仏パンチェン・ラマ4世であるロサンチョジケルツェン（bLo bzan chos kyi rgyal mtshan，羅桑却吉堅讃，1567-1662）が，作成したものとされている[3)]。

第3節　無量寿仏灌頂の儀式次第

無量寿仏灌頂の儀式は以下の次第で執り行なわれる。

⑴　敬請誦（gsol ḥdebs）

⑵　我生（bdag bskyed，私が仏となる）

⑶　成就宝瓶（bum pa grub，瓶も仏となる）

⑷　対生（mdun bskyed，仏が現前する）

⑸　灌頂（dbaṅ bskul pa = abhiseka）

⑹　吉祥誦（bkra sis rtags cad）

以下の文章の［　］内の頁数は，『灌頂文』の頁を示す。（　）内の漢訳の偈は，筆者がチベット語から翻訳したものである。

⑴　敬請誦（gsol ḥdebs）

この儀式は密教によるものである。まず敬請では，金剛持仏文殊菩薩から始まりツォンカパにいたる祖師と無量寿仏などの九尊を数える。

敬請は，私は，菩提を得るまで仏・法・僧に帰依する。灌頂の対象となるナムレィ老人の私と，一切の他の衆生との幸せを成就するために，まず私が慈・悲・喜・捨の菩提心を生じなければならない。十方清浄の浄土にまします仏・菩薩よ，聞き届けて下さい。私が慈・悲・喜・捨の菩提心を円満するために，いま菩提心を起さなければならない。と，このように3度，敬請誦を読誦して，三帰依と菩提心を発こす［7頁]。

(2) 我生（bdag bskyed，私が仏となる）

敬請に続いて，次のように「我生」が始まる。

私（行者）は，この瞬間の刹那（skar cig）に世尊無量寿仏（bcom ldan ḥdas tShe dpag med）となる。生き生きした「心月」という意味をもつ胸にある赤い‘hri’という字の光から，そして極楽浄土（bde pa can）から，上師と世尊無量寿仏との九尊がましますマンダラ（壇城)，すなわち修行道場の前の虚空に，諸仏・諸菩薩が現われた。‘hriḥ’という字の光が私の心底に溶け込み私は仏となる。

誰の恩によって，大いなる楽にいるのか。誰が刹那のこの瞬間に現われているのか。私にとって上師は宝のようであり，金剛尊の足許に頂礼し奉る。

ḥJi rten ḥdren paḥi gtso bo dshe dpag me // dus min ḥchi ba ma lus ḥjoms paḥi dpal // mgon med sdug bsnal gyur pa rnams kyi skyabs // sans rgas tshe dpag med la phyag ḥdshal lo［8頁］//

(世間引導無量尊，非時死因尽消除；

無依苦悩之衆生，頂礼護祐無量寿。)

世間を導く主尊無量寿仏は，非業の死因をすべて消滅する。

帰依するよるべがなくて苦しむ人々の，拠りどころである無量寿仏に礼拝し奉る。

このように礼拝してから，無量寿仏と諸菩薩に真言で八供養（飲料・沐浴水・花・薫香・灯・塗香・食物・音楽）をする。八供養の真言は，梵語で唱える。一切の如来と無量寿仏とその眷属とに，水など八供養を供養する。

続いて，慈・悲・喜・捨である「四無量心」の偈文を読誦し，敬請された諸仏・諸菩薩は，それぞれの浄土である資糧田（ソクシン，tshogs shiṅ）に送り帰される［8頁下]。

続いて私は，世尊その方の寿命と智慧とは無量であって，九仏のマンダラを一切円満するのは，中央に毘盧遮那無量寿仏（rNam snaṅ tshe dpag med），東に金剛無量寿仏（rDo rjshe dpag med），南に宝無量寿仏（Rin chen tshe dpag med），西に蓮華無量寿仏（Padma tshe dpag med），北に業無量寿仏（Las tshe dPag med），東北に遍照無量寿仏（Kun gzigs tshe dpagmed），東南に功徳無量寿仏（Yon tan tshe dpag med），西南に智慧無量寿仏（Ye śes tshe dpagmed），西北に不動無量寿仏（Mi gyo tshe dpag med）がそれぞれましまして，これらの諸尊の身の色は，すべて珊瑚でできた須弥山が千の太陽に照らされているような，赤い光を放っている。九仏は微笑の姿を示し，一面二手で，等持印に坐し，その手の上に長寿の甘露に満ちた宝瓶がある。宝瓶は，求めるものすべてを如意樹のように与える。（中略）九仏は，いろいろな荘厳で飾られた円満の受用身である。願望を満たす力を具えた天衣を羽織り，絹の美しい衣服をまとい，金剛跏趺坐にある。九仏すべての頭頂に白色の ‘om’ の字，咽喉に赤色の ‘ā’ の字，胸の月座に赤色の ‘hrih’ の字を青色の ‘huhm’ 字で飾っている。‘oṃ・ā・hūṅ’ の３字から光を放っている。極楽世界などや修行者のマンダラなどが現われ，現われた極楽世界と修行者との眼の前に，上師（本尊），諸仏，諸菩薩，世尊無量寿仏が，‘om・ā・huhm’ の３字から姿を現わす［13頁下］。

Ma lus sems ca kun gyi mgon gyur ciṅ // bdud sde dpuṅ bcas mi bzad hjoms mdsad lha // dnos mams ma lus ji bshin mkhyen gyur paḥi // bcom ldan ḥkhor bcas gnas bdir gsegs su gsol［19頁］//

（無余有情依怙士，無尽魔軍船摧壊；
一切真実悉正知，仏興眷属乞降臨。）

全ての有情は拠るべき主を求む，いかなる魔軍をも打ち破るものにして，一切の真実をことごとく正知するもの，仏とその眷属が降臨されんことを請い求む。

この一偈によって諸仏・請菩薩を請来し，供養するのである。

無量寿仏と修行者と不二になり，再び心底の 'hrih' の字から光を放ち，宝冠五仏と眷属を迎請する。こうして一切の如来から灌頂を受けることを願うのである。

Ji ltar bltams pa tsan gyis ni // lha mams kis ni khus gsol ltar //
lha yi chu ni dag pa yis // de bshin bcom ldan sku khrus gsol ［21頁］ //
（云何如来降誕時，一切天衆献沐浴；
今以清浄妙天水，我亦如是作灌沐。）
如来が降生されし時，一切の天の衆生は沐浴を献ず
我もいま清らかな天の水をもって，如来に沐浴を献じることかくのごとし

この偈によって請来した諸仏・請菩薩に沐浴を献ずることによって，灌頂を受ける修行者が灌頂を受けることになる。全身は，沐浴に満ち溢れ，すべての汚れを浄める。なお，沐浴の聖なる水は，無量光仏の姿では宝冠の飾りであると考えられている［14頁］。

(3)　成就宝瓶（bum pa grub，瓶も仏となる）

我生に続いて，次のように成就宝瓶が始まる。

宝瓶は空性になる。空性になった宝瓶から 'om' の字の大きな宝器の中に，'om' の字の光に溶けて出る飲料・沐浴水・花・薫香・灯・塗香・食物・音楽の八供養は，生き生きとして透明で無碍であり，虚空のようである。

このように，梵語で八供養して加持し，続いて長寿仏の真言を読誦する。それから仏の智慧を深く広く極める「深明不二（zab gsal gnis su med pa）」である本尊と不二となる修行をすべきであるとされる。修行の間に罪があったとしても，罪がある衆生が心底の心月にある 'hriḥ' の字の真言に集まって，'hriḥ' の字が輝き，清浄でない有情を浄め，衆生を利益するために，行者の身・語・意を加持する。

続いて不死の真言を読誦する［15頁下］。

この真言を１万回，あるいは10万回唱える必要があるとされる。

行者の意根に五明無量寿仏（Rigs lna dshe dpag med）がましまし，頭頂に智慧無量寿仏がまします。私の心底の先から，無量寿仏の眷属である仏，菩薩，空行母，護法神や，天と人との諸持明音の寿命と智慧，加持寿命の甘露光などが現前に現われる。これらの一切が頭頂の智慧無量寿仏に溶け，長寿の甘露に溶け，頭頂から意根の五明無量寿仏に溶け，その五明無量寿仏は再び不死長寿の甘露に溶け，灌頂者の頭頂から足底まで長者の甘露で満ち溢れる。

こうして，不死の長寿を成就（dṅos grub）し，身・口・意の三門は，無量寿仏になるとされる［17頁］。

法要を盛大に執り行う場合は，九宝瓶と事業宝瓶を用いる。小規模な場合は，長寿宝瓶と事業宝瓶とを用いる。その他，用いる什器として，白布・法螺貝・金剛杵（rdo rje）・金剛鈴（dril bu）などを準備し，絹綾・琵琶・法螺貝の中の香水・果物・白綾の五妙欲（ḥdodyon lna）をもって加持する。銅鏡・琵琶・海螺の中の香水・果物・白綾は，色・声・香・味・触を意味する。

⑷ 対生（mdun bskyed，仏が現前する）

成就宝瓶に続いて，次のように「対生」が始まる。

儀式を行なっている僧侶が宝瓶を持ち，Oṃ na mo bhagavate a pa ri mi ta…で始まる阿弥陀仏の真言で対生のマンダラを成就する［24頁］。

モンゴル仏教，特に瑞応寺の『灌頂文』に記載している九尊無量寿仏のそれぞれの働きは以下の通りである。

① Chos kyi ḥkhor lo rga chen bskor // sems can sdug bsnal ma lus pa // skad cig ñid la sel mdad pa // sans rgyas tshe dpag med phyag ḥtshal ［30頁］ //

（転動広大法輪故，有情一切之煩悩；
刹那之間悉消除，頂礼世尊無量寿。）
法輪を広大に転じて，有情のすべての苦しみを，
刹那に消滅することができる，無量寿仏に礼拝し奉る。

② rDo rje sems dpaḥ las byun shiṅ // nes paḥi dri ma kun ḥjomas pa //
rdo rjeḥi lus can rdo rje can // rdo rje tshe dpag med phyag ḥtshal //
（従金剛勇識而生，罪汚一切能摧壊；
金剛身興金剛者，頂礼金剛無量寿。）
金剛勇識から生まれて，罪の汚れをすべて打ち破る。
金剛の身体である金剛者，金剛無量寿仏に礼拝し奉る。

③ Sam paḥi dnos kun skad cig gis // ran ḥdod bshin du tshim mdsad dpal // mchog gis bdag po chen po ste // rin chen tshe med phyag ḥtshal //
（一切須求之意楽，各己刹那成満足；
殊勝大主之面前，頂礼大宝無量寿。）
心に思うすべてを刹那に，その人の望み通りに満足することができる。
大勝主である面前の，大宝量寿仏に礼拝し奉る。

④ i ltar ñon moṅs dri ma yis // kun nas gos par mi ḥgyur shin //
thugs rjes chags tshul ston par mdsad // padma tshe dpag med phyag ḥtshal //
（煩悩汚垢尽如何，一切伝染豈能成；
講説形成之状況，頂禧蓮華無量寿。）
いかなる煩悩に汚れていても，どこからも侵入することができない。
慈悲のあり様を講説している導師，蓮華無無量寿に礼拝し奉る。

⑤ bsams kun ḥphel byed dpag bsam shin // las kyi tshe dpag med phyag ḥtshal //
ḥDod paḥi las rnams ma lus pa // skad cig ñid la rdsogs mdsad dpal

//

（所求事業尽無余，刹那之間円成尊；

意楽増加如意樹，頂礼事業無量寿。）

求めている事業などすべてを，刹那に円満できる吉祥者，

求めているすべてを如意宝のように増加できる，事業無量寿に礼拝し奉る。

⑥ Nes pa kun las rnam gral nas // sna tshogs yon tan rnams kyis brgyan //

ḥkhor paḥi skyabs mdsad dpaḥ bo ste // kun gzigs tshe dpag med phyag ḥtshal //

（一切罪悪尽解脱，各種功徳作荘厳；

輪廻能護之英雄，頂礼遍観無量寿。）

一切の罪から解説し，いろいろな功徳が飾る。

輪廻してもよく護られた英雄，遍観無量寿仏に礼拝し奉る。

⑦ sTobs chen rnams kyis rab brgyan te // ma lus mi mthun phyogs ḥjoms pa //

ston pa srid med bu yi stobs // yon tan tshe dpag med phyag btshal //

（一切威力妙荘厳，所有逆縁能摧壊；

如同導師無子力，頂礼功徳無量寿。）

大いなるすべての力でよく飾り，あらゆる逆縁を打ち破ることができる。

導師がいない私に力となる，功徳無量寿仏に礼拝し奉る。

⑧ Me lon mnam ñid la sogs paḥi // ye śes man poḥi mdsod ḥdsin pa //

rtog pa ma lus khyod kyis spaṅs // ye śes tshe dpag med phyag ḥtshal //

（猶如鏡子平等性，種種智慧特有者；

一切疑惑摧壊尊，頂礼智慧無量寿。）

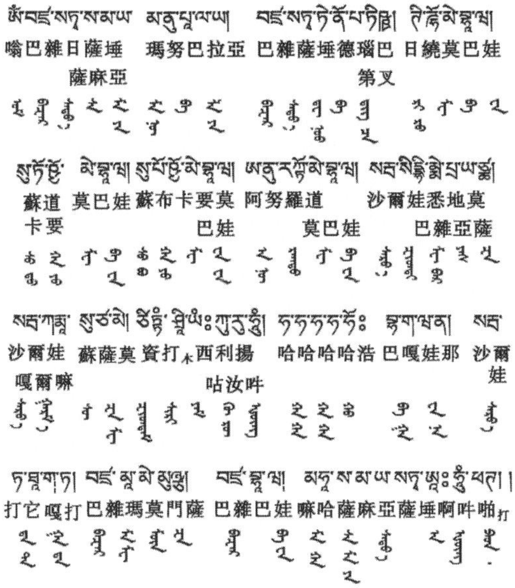
嗡巴雜日薩埵薩麻亞 瑪努巴拉亞 巴雜薩埵德瑙巴第叉 日繞莫巴娃
蘇道卡要 莫巴娃 蘇布卡要莫巴娃 阿努羅道莫巴娃 沙爾娃悉地莫巴雜亞薩
沙爾娃嘎爾嘛 蘇薩莫 資打木西利揚咕汝吽 哈哈哈哈浩 巴嘎娃那 沙爾娃
打它嘎打 巴雜瑪莫門薩 巴雜巴娃 嘛哈薩麻亞薩埵啊吽啪打

金剛薩埵百字明咒

鏡のような平等性などの，多くの智慧ある者である。

すべての迷いを打ち破った尊者，智慧無量寿仏に礼拝し奉る。

⑨ rNam rtog rlun gis khyod mi gyo // mthaḥ bral tin ḥdsin shi pa ste // bdud dan mu stigs bjoms mdsad pa // mi gyo tshe dpag med phyag ḥtshal //

（分別狂風尊不動，離辺入定寂静者；

魔興外道摧壊尊，頂礼不動無量寿。）

あらゆる迷いの風にも不動であり，二辺を離れた禅定寂静にある。

魔と外教を打ち破られた尊者，不動無量寿仏に礼拝し奉る。

ḥKhor paḥi sems can ma lus pa // khyod kyi mtshan tsam ḥdsin pa la //

tshe dafn ye ses sbyin mdsad paḥi // tshe dpag med la phyag ḥtshal lo

//

（輪廻一切有情衆，尽聞尊者之名号；

賜興長寿和智慧，無量寿前恭頂礼。）

輪廻にあるすべての有情は，尊者の名を聞くだけで，

長寿と智慧とが与えられる，無寿仏に礼拝し奉る［32頁下］。

このように，無量寿仏の讃頌の偈文を読誦し Oṃvajrasado samaya…で始まる「百字明」の真言を読誦する。

続いて護法神に食べ物を供養する儀式が執り行われ［33頁下］，四天王に食べ物を供養する儀式が執り行なわれる［34頁］。龍に食べ物を供養する儀式は，龍と龍の眷属とを請来し，龍に対する特別な真言を3度唱える［35頁］。

行者はマンダラを供養し，礼拝して，一切の有情にもろもろの成就の恩恵を賜るように祈る。大菩薩の姿で安住している大いなる本尊（無量寿仏）を礼拝し奉る。誓願本性を私に与えて下さい。菩提心も私に与えて下さい。仏・法・僧である三宝を私に与えて下さい。

大解脱者の集まっているマンダラに，私を安住させて下さい，と3度この偈文を読誦する。

続いて前に述べた阿弥陀仏の真言を読誦する［39頁］。

そのあと次の三帰依文と発菩提心文を読誦する。

dKon mchog gsum la bdag skyabs mchu // sdig pa thams cad so sor bsags //

ḥgro baḥi dge la rjes yi ran // sans rgyas byan chub yid kyis bzun //

sans rgyas chos daṅ tshogs mchog la // byaṅ chub bar du bdag skyabs mchi //

raṅ gshan don ni rab bsgrub phyir // byaṅ chub sems ni bskyed par bgyi //

byaṅn chub mchog gi sems ni bskyed bgyis nas // sems can thams cad bdag gis

mgron du gner //
byaṅ chub spyod mchog yid ḥoṅ spyod par bgyi // ḥgro la phan phyir saṅs rgyas
ḥgrub par sog［39頁下］//
（我今帰依勝三宝，一切罪業皆懺悔，
随喜衆生諸善事，至心受持仏菩提，
正覚妙法聖僧伽，乃至菩提我帰依，
成就自利他利故，発起求証菩提心，
既発最勝菩提心，接引有情如大賓。
楽行最勝菩提行，為利衆生願成仏。）
私は今三宝に帰依し，一切の罪業をすべて懺悔する。
衆生の善事に随喜し，仏菩提を心底から受持する。
正覚の仏と妙なる法と聖なる僧に，私が菩提を得るまで帰依する。
自利と他利を成就するために，悟りを求めて菩提心を起こし，
最勝の菩提心を起してから，私はすべての有情を親友同様に受け入れる。
最勝の菩提行を求め行い，衆生の利益のために成仏する（３度唱える）。

(5)　灌頂（dbaṅ bskul pa ＝ abhiseka）

対生に続いて，次のように僧によって灌頂が始まる。

行者よ，あなたは何のために喜ぶのか。私は大いなる楽にいる幸運を喜ぶ。その子（衆生）のために何をするのか。仏の勝誓願に礼拝する。一切の有情を利益するために仏と成ろうという願いの心にこそ世俗諦がある。その私の心底にある心月のマンダラが，円満の形になる。私の心は一切法を包摂し無自性の空性にある。菩提の心月の上に，五角の白い金剛杵（rdo rje dkar po rtse lṅa pa）の形になっているから勝義諦であるとされる［40頁］。

今，行者よ，あなたは一切の如来に加持され，あなたは一切如来のすぐれた秘密のマンダラに安住している。マンダラに安住していない人にはいうこ

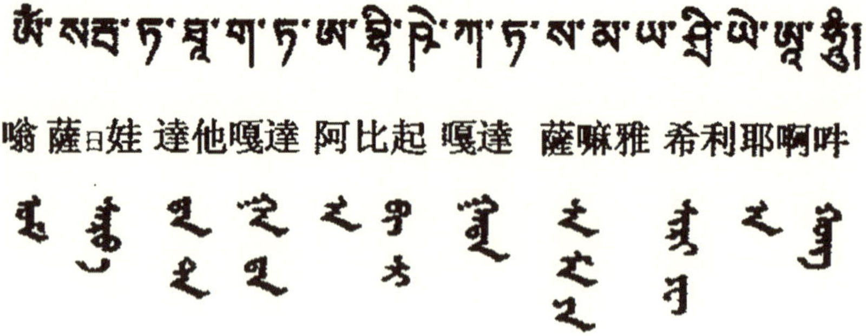
嗡 薩日娃 達他嘎達 阿比起 嘎達 薩嘛雅 希利耶啊吽
灌頂咒

とができない。無信仰者にもいうことができない。このように考えながら真言を唱え，マンダラに安住する。

こうして，行者は「一切の如来よ，私を加持して下さい。不死の長寿を成就させて下さい」と３度繰り返して祈禱する。

灌頂を受けた行者は本尊の無量寿仏になり，上師と本尊は，不二の心底の‘hrih’の字から光を放って，仏や菩薩や聖なる声聞弟子や独覚者や持明者たちから加持され，世間と出世間のあらゆる栄耀や威畏や功徳を与えられ，本尊無量寿仏や他の仏たちが，虚空に充満して現われる。こうして全身に大雨のように灌頂を受け，不死の長寿を成就する。

こうして梵語で‘Oṃ vajra abesa a a a’という灌頂の真言を多く唱え，楽器を用いる必要もあるとされている［42頁］。

続いて宝瓶を持ちながら，以下の偈文を読誦する。

Lus la rnam snaṅ tshe dbaṅ bskur // bu khyod ḥchi bdag las grol te //
bskal pa stoṅ du tshe ḥphel nas // srog gcod sdig pa dag gyur cig /
（身已毘盧仏灌頂，愛子解脱死主故；
寿命千劫時増加，殺生罪悪成清浄。）
行者よ，あなたの身体に毘盧遮那仏が灌頂している。死主を脱し，千劫にわたる寿命を得た。殺生の罪が清浄となるようを祈念する[44頁]。

続いて毘盧遮那仏の真言を唱える。

sByin paḥi stobs kyis sans rgyas yan dag ḥphags // mi yi senge sbyin paḥi stogs rtogs nas // snin rje can gyi gron khyer ḥjug pa na // sbyin paḥi stobs kyi sgra ni grags par gyur // sbyin pa mthar phyin tshe yan ḥphel par sog/

（布施之力仏真聖，人獅布施力通達；
趣人慈悲之都城，布施之力名称揚；
布施彼岸増長寿。）

布施の力をもつ仏は真実聖であり，人獅子は布施の力に通達している。
慈悲のマンダラに入って，布施の力の名声で知られている。
布施の彼岸の長寿も増えることを祈念する。

このほか六波羅蜜である戒律（tshul khrims）・忍耐（bzod pa）・精進（brtson hgrus）・禅定（bsam gtan）・智慧（ses rab）も同じく唱え，続いて三呪[4]（snags gsum）をそれぞれ唱える。

① Lus la rnam snan tshe dban bskur // bu khyod ḥchi bdag las grol te //
bskal pa ston du tshe ḥphel nas // srog gcod sdig pa dag gyur cig/

（身已毘盧仏灌頂，愛子解脱死主故；
寿命千劫時増加，殺生罪悪成清浄。）

行者よ，あなたの身体に毘盧遮那仏が灌頂している。死主から脱し，
千劫にわたる寿命を得た。殺生の罪が清浄となるようを祈念する。

続いて，毘盧遮那仏の真言を唱える。

以上のように灌頂されたので，行者の全身は不死の甘露で満ち溢れる。寿命は無碍になったから，これまでに積み重ねてきた悪障と，無明から生起する煩悩，故に殺生を犯し，故に殺生の無碍になった寿命が短くなる悪障が浄められ，毘盧遮那仏の慈悲より加持して下さいと祈念する［45頁］。

② Lus la rdo rje tshe dban bskur // bu khyod ḥchi bdag las grol te // bskal pa ston du tshe hphel nas // srog gcod sdig pa dag gyur cig［46頁］/

（身已金剛高潔頂，愛子解脱死主故；

寿命千劫時増加，殺生罪悪成清浄。）

行者よ，あなたの身体に金剛寿仏が灌頂している。あなたは死主を脱し，千劫にわたる寿命を得た。殺生の罪が清浄となるようを祈念する。

以上にならって，煩悩瞋・煩悩高慢・煩悩吝嗇・煩悩貪・煩悩嫉妬を唱える。

③ Lus la rin chen tshe daṅ bskur // bu khyod ḥchi bdag la grol te // bskal pa stoṅ du tshe ḥphel nas // srog gcod sdig pa dag gyur cig /

（身已大宝寿灌頂，愛子解脱死主故；

寿命千劫時増加，殺生罪悪成清浄。）

行者よ，あなたの身体に大宝無量寿仏が灌頂している。死主を脱し，千劫にわたる寿命を得た。殺生の罪が清浄となるようを祈念する。

④ Lus la padma tshe daṅ bskur // bu khyod ḥchi bdag las grol te // bskal pa ston du tshe ḥphel nas // srog gcod sdig pa dag gyur cig/

（身已蓮華寿灌頂，愛子解脱死主故；

寿命千幼時増加，殺生罪悪成清浄。）

行者よ，あなたの身体に蓮華無量寿仏が灌頂している。死主を脱し千劫にわたる寿命を得た。殺生の罪は清浄となるようを祈念する。

⑤ Lus la las kyi tshe dban bskur // bu khyod ḥchi bdag las grol te // bskal pa ston du tshe hphel nas // srog gcod sdig pa dag gyur cig /

（身已事業寿灌頂，愛子解脱死主故；

寿命千劫時増加，殺生罪悪成清浄。）

行者よ，あなたの身体に事業無量寿仏が濯頂している。死主を脱し千劫にわたる寿命を得た。殺生の罪は清浄となるようを祈念する。

続いて行者と宝冠の五仏とを不二にするための儀式が以下のように執り行われる。

真言を唱え，続いて灌頂を受ける行者が宝冠を持ち，僧侶が以下の偈文を読誦する。

云何如来降生時，一切天衆献沐浴，

今以清浄妙天水，我亦如是作灌休。

如来が降誕された時，一切の天の衆生は沐浴を献ず；

我も今清らかな天の水をもって，如来に沐浴を献じることかくのごとし。

このように灌頂されると，灌頂を受ける行者の全身は甘露で満ち溢れ，大いなる喜びを味わう。すべての汚れを浄めた残りの甘露は，灌頂を受ける行者の頭頂に注がれるから，無量光仏を中心とする五仏の宝冠が灌頂を受ける行者の頭頂に飾られる。

こうしてあらゆる罪悪や障碍を消滅することができ，したがって408種の病気，1,080種の魔鬼，160種の損害と，一切の不吉祥である障碍を消除するように祈禱することになる［48頁］。

rGyal pa sras bcas bden pahi byin rlabs daṅ // mgon po tshe dpag med pahi thugs rje yis // ḥgro ba bdu la bdag gis bsruṅs zin gyi // ḥdi la sus kyan gnod pa ma byed cig［48頁］/

(仏菩薩真実加持，本尊長寿仏慈悲；

由我護佑衆生故，誰能侵害彼衆生。)

仏・菩薩たちが真の加持をしたことと，本尊無量寿仏の慈悲により；

一切衆生を行者である私が守っているから，一切衆生を害することがない。

こうして，行者は，自分が灌頂を受けたことによって，一切の衆生とともに成仏しようとする考えが生まれる。

行者はすでに灌頂を受けたことによって，九尊の無量寿仏が，九方から現われ来て，長者の甘露を行者の頭頂から注ぐと，心底の無量寿仏が宝冠の五仏に溶け込み，行者も不死長寿の甘露に満ち溢れる。百劫にわたっても得られない不死長寿の成就を得た人は，まさに幸運者であると思わなければならない［49頁］。

(6) 吉祥誦（bkra gis rtags cad）

続いて，次のように吉祥誦が始まる。

七宝（rin chen sna bdun）である金輪・神珠・玉女・主蔵臣・白象・紺馬・将軍と，八吉祥物（bkra śis rtags brgyad）である吉祥結・妙蓮・宝傘・右旋の法螺貝・金輪・勝利幢・宝瓶・金魚で供養する。この七宝と八吉祥物を供養したことによって，母なる一切の有情の寿命や福徳や善業が増長する力が具わるように祈禱する［50頁］。

昔，密呪と明呪の主妙吉祥金剛手が，世尊釈尊から聖なる「草」（yuṅs dkar）を手ずから授かったように，今は，私たち僧も行者も，吉祥物である草によって吉祥となるようを祈念する［50頁下］。

本尊無量寿仏と九尊中の智慧長寿仏とは優れた許可を贈った。マンダラを供養し称讃し，修行し，読誦したことによって成就された善業によって，行者と一切の衆生は，極楽浄土に往生することを願い奉る［54頁下］。

> dGe mtshan ji sñed mchis paḥi bkra sis des // khyed cag gaṅ daṅ du gnas pa der // mi sis mtshan ma ḥgab yan mi ḥbyun shiṅ // shiṅ gi ḥbyor pa phul du byun pa yis // bde legs rgyun mi chad pahi bkra sis sog［57頁］/
>
> (所有善事尽吉祥，無論您們住何処；
> 不吉之兆豈出現，大地豊富殊勝故，善楽不所願吉祥。)
> すべての善きことは吉祥である。あなた方行者は何処にいても，
> 吉祥でないことが生じることはあり得ない。
> すべての大地は豊かで素晴らしいから，善であり楽であって，永遠に吉祥であることを願い奉る。

こうして，無量寿仏灌頂の儀式が終り，五人の僧侶に布施を差し上げ，参加者たちをも含む食事に招待する。食事は肉と野菜などを一緒に煮込んだものと，ご飯や饅頭などである。

第4節　結　語

以上のような無量寿仏灌頂の儀式は，ほとんどのモンゴル地域で執り行なわれている。しかし，何処で，何時，誰によってこの儀式が始まったかについては明らかではない。

ただ，無量寿仏灌頂の聖典の末尾に，チベット仏教ゲルク派の活仏パンチェン・ラマ4世ロサンチョジ・ゲルツェンが作成したと記載されている。モンゴルのグシ・ハーンと活仏パンチェン・ラマ4世ロサンチョジ・ゲルツェンは特別な関係をもっていたから，1645年以後には，無量寿仏灌頂の儀式がすでにモンゴルの地に伝えられていたと推測できる。

モンゴル人には，自分が無量寿仏灌頂の儀式を受け，自分だけが幸せな生活や「長生不老」を送ることができても，満足することはできないという信仰意識がある。無量寿仏灌頂の儀式を受ける民衆にとって，最も大切なことは，すべての人々とともに幸せで「長生不老」の生活を送りたいという，仏教の「慈・悲・喜・捨」の菩提心の観念である。折角得た人身を活かして永遠に家族や親類と一緒に生活を送りたいという民衆仏教（Popular Buddhism，庶民仏教[5)]）の思想が，モンゴル仏教徒の日常生活に生きている。一般の民衆にとっては，教義仏教（Doctrinal Buddhism）より民衆仏教の方が馴染み易いものである。言い換えれば，民衆仏教は，つまり信仰仏教ということである。一般の民衆にとって仏教の教義がどのようであっても，その教義に関心をもっているとは限らない。民衆が，関心をもっているのは，信仰の面である。民衆は，仏教の教義などを深く理解しようとは考えていない。

民衆は，仏教を信じるだけで満足している人が多い。

このような人間の寿命を延ばすための儀式は，モンゴル地域だけではなく，中国仏教でも，仏教寺院や仏教居士林などで「延生普仏」という法会として執り行なわれている。この「延生普仏」によって父母の延命長寿ができるという信仰が残っている[6)]。モンゴル仏教も中国仏教もいずれも阿弥陀仏信仰と関連している。

北京雍和宮（モンゴル語：Nairaltu nairamdaku sūm-e）でも，2000年から毎月29日に，無量寿仏灌頂の法会を再開し，厳修している[7)]。

註

1） モンゴル仏教は阿弥陀仏を，無量寿仏（時には長寿仏）と無量光仏と大日如来とに分ける。拙稿「モンゴルにおける阿弥陀仏の信仰」（『印度学仏教学研究』51-1，2002年）279～282頁参照。

2） 瑞応寺の僧侶俗人の所蔵であったが，筆者が贈与された聖典に依る。

3） 詳細は，拙稿「チベットとモンゴル仏教における活仏の由来」（『同朋大学仏教文化研究所紀要』21，2001年）19～49頁参照。また丹迴冉納班雑・李徳成『名利双黄寺　清代達頼和班禅在京駐錫地』（中国宗教文化出版社，1997年）42～43頁参照。

ちなみに1645年，モンゴルのグシ・ハーン（Gu si Han，固始汗1582-1654，本名はTho rol pavi hu，国魯拝琥）が，チベット全土を征服した。グシ・ハーンは，当時のチベット仏教のゲルク派の代表者であり，グシ・ハーンに協力を借しまなかったロサン　チョジ　ゲルツェン・ラマ（bLo bzan chos kyi rgyal mtshan，羅桑却古堅，1567-1662）に，「班禅博克多」（Pan chen bogda）の聖号を贈った。「班禅」はサンスクリット語のパンディタ（pandita）に由来し，大学者を意味する。「博克多」は，モンゴル語で勇気と智慧がある英雄を尊称する言葉である。だから，サンスクリット語とモンゴル語とを合わせると，「智勇ともに完璧な大学者」を意味する。これが，パンチェン・ラマの活仏制度の「名称」の発端である。チベット仏教のゲルク派の教団から，ロサンチョジケルツェンはパンチェン・ラマ4世に認定された。そしてケドゥプ・ケレク・パルサン（mKhas grub dge legs dpal bzan，克主格雷貝桑，1385-1438）はパンチェン・ラマ１世に追認され，エンサ・ソナムチョクラン（dBen sa bsod nams phyogs glan，恩薩索朗却朗，1439-1504）がパンチェン・ラマ２世に追認され，エンサ・ロサンドンドゥヴ（dBen sa blo bzan don grub，恩薩羅桑頓珠，1505-66）がパンチェン・ラマ３世に追認された。北チベットすなわち後蔵のタシルンポ寺（bkra sis lhun bo mgon pa，扎什倫布寺）は，歴代のパンチェン・ラマが居住する寺院である。康熙52年（1713），康熙帝はパンチェン・ラマ５世（1663-1737）に「班禅額爾徳尼」の聖号と「敕封班禅額爾徳厄之印」の金冊・金印を贈った。「額爾徳厄」は満洲語であり，「宝貝」（erdeni）を意味する。これが，清朝政府から正式にパンチェン・ラマを冊封した始まりであった。モンゴル人は，パンチェン・ラマをパンチェン・ボクダ（Pan chen Bogda，班禅博克多）と呼んでいる。チベット人は，パンチェン・リンポチ（Pan chen rin po che，班禅仁布切）と呼び，中国人はパンチェン・ダーシ（Ban chan da shi，班禅大師）と呼んでいる。

４）三呪とは，行者の心を守ってくれる働きがある明呪・総持呪・密呪をいう。

５）前田惠學編著『現代スリランカの上座仏教』（山喜房仏書林，1986年）１～９頁参照。

６）死後の問題については，中国では人が亡くなった後，いろいろな形で葬式を行なっている。中国人の宗教意識によって，死者を憶念するために法会などを行なっている。北京仏教居士林でも，死者の位牌を置く位牌堂がある。居士林で「往生普仏」という法会を死者のために行なっている。生きている人のために「延生普仏」の法会を行なう場合もある。これは，自分の祖父母や父母の長命を祈念する法会である。寺院では死後49日の間に「打普仏」という法会を行なうのが普通である。居士林は，寺院と違って個人的に葬式を行なわない。毎月１日と15日の「蓮池念仏会」で随堂普仏という法会を共同で行なう。詳細は，夏法聖「現代中国の居士仏教」（『同朋大学仏教文化研究所紀要』23，2003年）を参照。

７）雍和宮で用いている『灌頂文』の作成者は，パンチェン・ラマ４世ロサンチョジ・ゲルツェンである。雍和宮の『灌頂文』は木版であり，瑞応寺の『灌頂文』は写本であるから，恐らく同じものと考えられる。なお，北京雍和宮の詳細は，拙稿「文化大革命後のモンゴル仏教の様態――北京市雍和宮と承徳市普寧寺を中心として」(『パーリ学仏教文化学』16, 2002年) 82〜95頁を参照。

補註

嘉木揚・図布丹大師が説いているように，密教による無量寿仏の灌頂を受ける者は，四つの功徳を得ると考えられている。

1 悪魔などから命を取り戻す。

2 灌頂した力によって，身体の五大の不調からあらためて元気になる。

3 福徳を失っても，あらためて福徳を得る。

4 諸仏，諸菩薩，三宝等が七珍や八宝をもって灌頂した人を加持するため，一切の福徳と智慧を成就することができ，苦から離れ楽を得て，解脱し成仏する。

後　記

1993年10月，筆者は日本のすぐれた仏教研究の方法を探求するために日本に留学しました。それ以来，20年の歳月が経ちました。多くの日本人を始め，台湾人や有縁無縁の方々のお蔭で，有意義な研究生活を送ることができました。

このたび，これまでに日本の各研究機関の機関誌などに掲載してきたモンゴルにおける浄土思想等に関する論文を，『モンゴルにおける浄土思想』として出版することができました。皆様の物心にわたるご支援とご援助，ご理解の賜物です。心より厚く御礼申し上げます。

筆者はかつて中国・北京市にあるモンゴル仏教の大寺院である雍和宮において12年間にわたり，モンゴル仏教，チベット仏教，中国仏教などを勉強し，その間，チベット仏教大学を卒業し，雍和宮で後継者を育成するための教師として勤め，また住持の通訳などを行なってきました。

雍和宮は，北京で最大の仏教寺院であり，参拝や観光のために訪れる人は毎日平均3,000人を超えます。訪問者のなかには日本人もいますし，アメリカ人もいます。そのため私は，日本語か英語かのどちらか１つを身に付けたいと考えるようになりました。そして幸いなことに，台湾大学の葉阿月教授の推薦を受けて，横浜善光寺の留学僧育英会（黒田武志理事長）の奨学金をいただくことができ，愛知学院大学への留学が実現しました。

留学の当初から，研究と同時に仏教の修行もしたいと考えました。そこで，先輩の釈智観師に相談して，名古屋市天白区にある相生徳林寺にお世話になることができました。住職の高岡秀暢師は，私のために『インド仏教史』を拡大コピーしたものを用意して，いろいろ教えてくださり，徳林寺の信者である伊藤美智子様は，私に日常の日本語を教えてくださいました。

その後，前田惠學教授のもので，「中国・日本・チベットとモンゴルの阿

前田惠學先生と筆者

弥陀仏の比較研究」と題する修士論文によって修士号を取得しました。修士課程の２年間には，国際ロータリー米山記念奨学会，大須ロータリークラブのお世話になりました。また甚目寺観音の岡部快晃師（故人），大須観音の岡部快圓貫首には，とくにいろいろな面でお世話になりました。

台湾の林江富美先生には長年に物心にわたる援助をいただき，また駒沢女子大学前学長の東隆眞先生にもさまざまな面でお世話になりました。

博士後期課程では，引き続いて前田惠學教授のご指導のもと，主にモンゴル仏教について研究を進めました。日本に留学して一番なしとげたかったことは，日本語でモンゴル仏教の論文をまとめ，紹介することでした。また，前田惠學教授のもとでは，モンゴル仏教以外の原始仏教や現代仏教の存在形態やパーリ語なども勉強し，その他，大学院の担当教授の，それぞれの専門についての教えを受けました。たとえば，大野栄人教授の『摩訶止観』，竹内道雄教授の日本仏教における道元禅師をテーマとした研究などです。

研究論文や学会発表の原稿は，伊藤光壽先生にいつも丁寧に見直していた

日本団による雍和宮訪問

だきました。先生にはまた生活の面でも相談に乗っていただくなど，たいへんお世話になりました。

生活の面では，愛知学院大学の川口高風教授が住職を勤める慧光院に住むことができましたので，たいへん落ち着いて研究ができました。また，西川不二子様や愛知県仏教会前会長の岩田文有師にもいろいろとお世話になりました。当時，想念寺副住職の渡辺観永師のご協力で，３回にわたって北京，内モンゴルで現地調査を行なうことができました。さらに師のご協力で，モンゴル仏教の活仏２名が来日し，仏教会や大学などで記念講演会や交流会などを実施することができました。また同師のご尽力により，愛知県仏教会の主催で，43名の仏教会員と檀信徒とが，岩田文有師を団長として北京雍和宮・中国蔵語系高級仏学院（チベット仏教大学）・内モンゴル自治区の首府にある仏教寺院を訪問しました。そして，承徳市普寧寺ではモンゴル仏教僧と日本仏教僧との共同法要を開催することができました。これは，モンゴルと日本の仏教界とにおいて，歴史上，初めての快挙であったといえます。

中国社会科学院訪日文化交流団

徳林寺法会（2015年）

今，ようやく学問の入口に立った段階にあると思います。ここまで来ることができたのも，ひとえに恩師の諸先生をはじめ，先輩や知友各位のご指導・ご鞭撻の賜物であると確信しております。ここに厚く感謝申し上げます。

愛知学院大学では，前田惠學（故人）・長谷部幽蹊・森祖道・立川武蔵・竹内道雄・鎌田茂雄・赤池憲昭・大野栄人・鈴木哲雄・中祖一誠・水野明・

田邊和子・引田弘道・林淳・河村孝道の諸教授のご指導を得ました。愛知学院大学関係の友人としては，菅原諭貴・愛宕邦康・伊藤正見・岩垣英雄・工藤俊英・工藤玲子・大橋一峰・島田幸代・鷲見光洋・高田光寿・辻哲夫・林啓法・松永善弘・山崎大輔・茶縁真由美・大江総子・バングラディシュのギャナラタナ・ディリップクマールバルア・ビックデバプリヤバルア（故人）・福田真理・藤木総宣・ベトナムのホァントロンソー・花井充行・橋本靖夫・今井勝子・鄭夙雯・亀山健志・杉村幸恵・鈴木浩人・西昭嘉・鈴木文明・薄田龍元・武藤明範の諸氏など，お世話になった方々は枚挙に暇がありません。これらの先輩・知友に心から感謝を申し上げます。

同朋大学の中村薫教授には，日本に留学して以来，いろいろな便宜を図っていただきました。先生と「日本とモンゴル仏教における浄土思想の比較研究」と題として共同研究ができたことは，私にとって学問の一層の増進を図るよい機会となりました。

2002年１月に，中国社会科学院世界宗教研究所に帰国博士として採用されました。同年10月，中村薫教授のお力により，卓新平所長を始めとする９名の「中国社会科学院訪日文化交流団」の訪日を実現することができ，講演会や交流会を行なうことができました。また，先生のご尽力で，中国内モンゴル出身の留学生を同朋大学に受け入れてもらうことができました。

このようなご縁があって，同朋大学仏教文化研究所の客員研究員・客員所員として，日本での研究を続ける場を得ることができました。同研究所所長の小島恵昭教授や，室長の渡辺信和教授（故人），同研究所の服部佐久子様，さらには同朋大学の玉井威教授・畝部俊英教授・加藤史子様など，本当に多くの方々のお世話になってまいりました。

また日本に留学して以来，民間での友好交流を行なっており，川崎嘉子・谷口義勝・谷口妙子・田中澄子・水野聖子・鈴木賢仙・清水孝行の諸氏のお世話になりました。あわせて感謝申し上げる次第です。

本書の出版にあたって，法藏館の戸城三千代編集長と編集部の今西智久氏にはたいへんお世話になりました。末筆ながら，心より御礼申し上げます。

2016年３月１日

中国社会科学院世界宗教研究所
嘉木揚凱朝　識

嘉木揚 凱朝（Jiamuyang Kaichao）
1963年遼寧省阜新蒙古族自治県生まれ。モンゴル族。1990年中国蔵語系高級仏学院卒業，同年北京雍和宮仏学院教師。93年から日本の愛知学院大学に留学，2001年愛知学院大学院にて博士（文学）学位取得。2002年中国社会科学院世界宗教研究所に就任，同朋大学仏教文化研究所客員所員。現在，中国社会科学院世界宗教研究所研究員（教授）。モンゴル語，中国語，日本語，チベット語，パーリ語，サンスクリット語などの幅広い言語を用いて，主に原始仏教，蒙蔵仏教，中日禅宗，浄土宗，密教を研究している。
著作に，『モンゴル仏教の研究』（法藏館，2004年），『中国蒙古族地区仏教文化』（中国民族出版社，2007年），『内蒙古仏教与寺院教育』（中国社会科学出版社，2013年），『蔵漢蒙仏教日誦』（中国民族出版社，2000年），『蔵漢蒙対照無上瑜伽部大威徳金剛十三尊成就儀軌』（民族出版社，2007年）など多数。

モンゴルにおける浄土思想

2016年3月31日　初版第1刷発行

著　者　嘉木揚　凱　朝
発行者　西　村　明　高
発行所　株式会社　法　藏　館
〒600-8153
京都市下京区正面通烏丸東入
電　話　075(343)0030(編集)
　　　　075(343)5656(営業)

装　幀　則武　千鶴
印　刷　立生株式会社
製　本　新日本製本株式会社

ISBN 978-4-8318-7707-9 C3015　*Printed in Japan*